Beamtengesetz.

Sonderdruck aus „Ziegler, Verwaltungsgesetze“

Auflage (J. Schweitzer Verlag München 1927)

Sonderdruck aus „Ziegler, Verwaltungsgesetze“
5. Auflage (J. Schweitzer Verlag München 1927)

12. Beamtengesetz.

Vom 16. August 1908.

(GVBl. S. 581.)[1])

Luitpold, von Gottes Gnaden Königlicher Prinz von Bayern, Regent usw.

I. Abschnitt.

Allgemeine Bestimmungen.

Artikel 1. Beamte im Sinne dieses Gesetzes sind die Personen, die sich auf Grund einer Entschließung des Königs[2]) oder einer vom König[3]) ermächtigten Behörde in einem Dienstverhältnisse zum Staate befinden und entweder einer in der Gehaltsordnung[4]) aufgeführten Beamtenklasse angehören oder durch Anordnung der Staatsregierung als Beamte im Sinne dieses Gesetzes erklärt sind.

Artikel 2. Etatsmäßige Beamte sind diejenigen Beamten, die einer in der Gehaltsordnung[5]) aufgeführten Beamtenklasse angehören und in den in dem Artikel 5 Abs. 1 vorgeschriebenen Formen ernannt sind.

---

[1]) Auf Grund des § 1 des Ges. v. 18. Dez. 1920 (GVBl. S. 498) durch Bek. v. 27. April 1921 (GVBl. S. 299) in den vorm. coburgischen Landesteilen eingeführt.

Letztmals geändert durch die VO. zur Änderung beamtenrechtl. Vorschr. v. 29. März 1924 (GVBl. S. 128), die VO. über die zehnte Abänderung des BBes.-Ges. v. 24. März 1924 (GVBl. S. 121) u. des Ges. v. 19. Juli 1926 (GVBl. S. 381).

das Gesetz z. neunten Abänderung d. Beamtenbes.-Ges. u. sonstiger Vorschr. d. Beamten-, Besoldungs- u. Versorgungsrechtes v. 29. Febr. 1924 (GVBl. S. 117),

das Gesetz zur achten Abänderung des Beamtenbesoldungsgesetzes vom 29. August 1923 (GVBl. S. 309),

das Gesetz zur siebenten Abänderung des Beamtenbesoldungsgesetzes vom 9. Januar 1923 (GVBl. S. 7).

Die früheren Änderungen sind erfolgt durch das Gesetz zur Abänderung des Beamtenbesoldungsgesetzes vom 16. Dezember 1921 (GVBl. 1923 S. 1),

das Gesetz z. Abänd. d. Beamtenbes.-Ges. v. 25. Nov. 1921 (GVBl. S. 551),

das Gesetz über die Versorgungsbezüge der Staatsbeamten und ihrer Hinterbliebenen (Pensionsergänzungsgesetz) vom 23. März 1921 (GVBl. S. 117),

die Art. 42 mit 53 des Beamtenbesoldungsgesetzes vom 2. Juni 1920 in der vom 1. Okt. 1922 ab gültigen Fassung (BBesG. n. F.). (GVBl. S. 109),

Art. 183 des Volksschullehrergesetzes v. 14. August 1919 (GVBl. S. 437), in der Fassung des Art. VII des Gesetzes v. 24. März 1920 (GVBl. S. 103),

Art. 1 d. Ges. üb. d. Umgestaltung d. Gend. v. 31. Juli 1919 (GVBl. S. 409),

Art. 100 des Armengesetzes vom 21. August 1914 (GVBl. S. 551),

Art. 53 des Ausführungsgesetzes zur Reichsversicherungsordnung vom 2. November 1912 (GVBl. S. 1135).

Vgl. ferner VO. v. 31. Mai 1924 über die 11. Abänderung des Beamtenbesoldungsgesetzes (GVBl. S. 169), sowie VO. v. 4. Juli 1924 über die 12. Abänderung des Beamtenbesoldungsgesetzes (GVBl. S. 177).

Vgl. ferner VO. v. 28. Oktober 1924 über die 13. Abänderung des Beamtenbesoldungsgesetzes (GVBl. S. 208) und MB. v. 28. Sept. 1925 (StAnz. Nr. 224).

[2]) [3]) Nunmehr des zuständigen Ministers (§ 61 Ziff. 4 der Verfassungsurkunde). Vgl. VO. der provisorischen Regierung v. 15. November 1918 (GVBl. S. 1231), Übergangsgesetz v. 28. März 1919 (GVBl. S. 113) und Bek., Übergangsgesetz betr. v. 28. April 1919 (GVBl. S. 401).

[4]) [5]) Wo im Beamtengesetz auf die Gehaltsordnung Bezug genommen wird, ist nunmehr maßgebend die Besoldungsordnung für die bayer. Staatsbeamten in der Fassung der Anlage I zum BBesGes. v. 2. Juni 1920 in der vom 1. Okt. 1922 ab gültigen Fassung (GVBl. 1923 S. 109, abgedruckt unter II 11) vgl. Art. 43 a. a. O. Bezüglich der Ausdrücke „Gehalt“ und „Diensteinkommen“ vgl. Art. 42 a. a. O.

Artikel 3. Zum etatsmäßigen Beamten soll nur ernannt werden, wer[6])
[1. die deutsche Reichsangehörigkeit besitzt oder mit der Ernennung erwirbt,]
2. das einundzwanzigste Lebensjahr vollendet hat,
[3. der Militärpflicht und im Falle der Aushebung der aktiven Dienstpflicht genügt hat.][7])

Artikel 4. Die Ernennung der etatsmäßigen Beamten, die eine höhere wissenschaftliche, technische oder künstlerische Berufsbildung nachzuweisen haben, erfolgt in der Regel durch den König.[8])

Welche Beamte hierunter fallen, für welche weitere etatsmäßige Beamte die Ernennung durch den König erfolgt und wieweit zur Ernennung die Behörden zuständig sind, wird durch Verordnung bestimmt.[9])

Die Vorschriften der Abs. 1, 2 gelten auch für die Versetzung, Wiederanstellung und Beförderung der etatsmäßigen Beamten.

Artikel 5. Die etatsmäßigen Beamten erhalten bei ihrer Ernennung eine Urkunde, worin der Zeitpunkt, von dem an die Ernennung wirksam wird, zu bezeichnen und anzugeben ist, daß die Ernennung in etatsmäßiger Eigenschaft erfolgt.

Die Ernennung wird durch die Aushändigung dieser Urkunde an den Beamten mit dem darin bestimmten Zeitpunkte wirksam.

Die amtliche Ausschreibung hat die gleiche rechtliche Wirkung wie die Aushändigung der Urkunde.

Die Vorschriften der Abs. 1 bis 3 gelten auch für die Versetzung, Wiederanstellung und Beförderung der etatsmäßigen Beamten.

Artikel 6. Das Dienstverhältnis der etatsmäßigen Beamten, die in dem diesem Gesetz als Anlage I[9]) beigefügten Verzeichnis unter Buchstabe A vorgetragen sind, ist mit dem Tage der Wirksamkeit ihrer Ernennung unwiderruflich.

Das Dienstverhältnis der unter Buchstabe B dieses Verzeichnisses vorgetragenen Beamten ist nach einer etatsmäßigen Dienstzeit von drei Jahren unwiderruflich.

Das Dienstverhältnis der übrigen in der Gehaltsordnung[10]) aufgeführten Beamten ist nach einer etatsmäßigen Dienstzeit von zehn Jahren unwiderruflich.

Für etatsmäßige Beamte, die später in die Gehaltsordnung[10]) aufgenommen werden, wird die Dauer der Widerruflichkeit durch Verordnung bestimmt.

Das Dienstverhältnis der nicht etatsmäßigen Beamten ist dauernd widerruflich.

Artikel 7. Aus besonderen Gründen kann von dem König[11]) oder der von dem König[12]) ermächtigten Behörde das Dienstverhältnis eines zeitlich widerruflichen Beamten schon vor Ablauf der in dem Art. 6 Abs. 2, 3 bestimmten Zeit als unwiderruflich erklärt werden. Für Militäranwärter mit einer mindestens achtjährigen Militärdienstzeit kann allgemein angeordnet werden, daß ein Teil der Militärdienstzeit auf die Zeit der Widerruflichkeit angerechnet wird.

Artikel 8. Beamten, deren Dienstverhältnis widerruflich ist, (widerruflichen Beamten), kann jederzeit eine andere ihrer Berufsbildung entsprechende Amtsstelle übertragen werden. Der Beamte, dem ohne sein Ansuchen eine andere Amtsstelle übertragen wird, hat Anspruch auf Gewährung von Umzugskosten

---

[6]) Nunmehr maßgebend § 68 Abs. I Verfassungsurkunde des Freistaates Bayern v. 14. August 1919 (GVBl. S. 531), vgl. auch § 94 a. a. O.

[7]) Hinfällig durch Abschaffung der Wehrpflicht. Vergl. Art. 173 des Versailler Friedens (RGBl. 1919 S. 931), § 1 des RG. über die Abschaffung der allgemeinen Wehrpflicht usw. vom 21. August 1920 (RGBl. S. 1608) und § 1 des Wehrgesetzes vom 23. März 1921 (RGBl. S. 329).

[8]) Vergl. Fußnote 2 zu Art. 1.

[9]) Hier nicht abgedruckt.

[10]) Vergl. Fußnote 4 zu Art. 1.

[11]) Vergl. Fußnote 2 zu Art. 1 und § 3 der Verordnung v. 10. Dez. 1908 (GVBl. S. 1041).

[12]) Vergl. Fußnote 2 zu Art. 1.

nach den darüber im Verordnungsweg erlassenen Vorschriften, wenn die Änderung seiner dienstlichen Stellung nicht durch sein eigenes Verhalten verschuldet wurde.

Das Dienstverhältnis der widerruflichen Beamten kann, soweit sie vom König[13]) ernannt sind, durch Entschließung des Königs[13]), im übrigen durch Entschließung der zur Ernennung zuständigen Behörde jederzeit gelöst werden. Die Lösung des Dienstverhältnisses hat den Verlust des Diensteinkommens[14]), des Titels und der Dienstabzeichen sowie der Aussicht auf Gewährung eines Ruhegehalts und auf Hinterbliebenenversorgung zur Folge. Wird das Dienstverhältnis nicht wegen Verletzung der dem Beamten obliegenden Pflichten gelöst, so ist dem Beamten der Gehalt[15]) noch für die Dauer der Dienstleistung, mindestens aber für die Dauer von drei Monaten seit der Mitteilung der das Dienstverhältnis lösenden Entschließung zu gewähren, auch wenn die Lösung vor dem Ablaufe dieser Zeit eintritt.[16])

Artikel 9.[17]) Beamten, deren Dienstverhältnis unwiderruflich ist (unwiderruflichen Beamten), kann vorbehaltlich der Vorschriften des Art. 109 ohne ihr Ansuchen eine andere Amtsstelle nur übertragen werden, wenn sie in etatmäßiger Weise übertragen wird, ihrer Berufsbildung entspricht und das dienstliche Bedürfnis die Übertragung erfordert. Der Beamte hat in diesem Falle Anspruch auf Gewährung von Umzugskosten nach den darüber im Verordnungsweg erlassenen Vorschriften. Bei Versetzung auf eine Amtsstelle von geringerem Range und mit geringerem Diensteinkommen behält der Beamte vorbehaltlich der Vorschriften des Art. 109 seine bisherige Amtsbezeichnung, seinen bisherigen Titel und Rang sowie das Diensteinkommen der bisherigen Stelle.

Unwiderrufliche Beamte können ohne ihre Zustimmung nur im Wege des Disziplinarverfahrens aus dem Staatsdienst entlassen werden.

Das Dienstverhältnis erlischt mit den in Art. 10 Abs. 4 ausgesprochenen Folgen beim Eintritt in den unmittelbaren oder mittelbaren Dienst eines anderen Landes oder einer anderen Regierung, sofern nicht das zuständige Staatsministerium die Genehmigung hierzu erteilt.

Artikel 10. Der Beamte kann jederzeit ohne Angabe eines Grundes um seine Entlassung aus dem Staatsdienste nachsuchen. Die sofortige Entlassung kann ihm, sofern bei seiner Ernennung nichts anderes bestimmt wurde, nur verweigert werden:

1. solange dies mit Rücksicht auf die Fürsorge für die anderweitige Wahrnehmung seiner Dienstgeschäfte notwendig ist;
2. solange der Beamte in selbstverschuldeter Weise mit der Erledigung seiner Dienstgeschäfte im Rückstande sich befindet;
3. solange er über eine ihm anvertraute Verwaltung von öffentlichem Vermögen nicht Rechenschaft abgelegt hat.

Der Beamte darf indes aus den in Ziff. 1, 2 bezeichneten Gründen nicht länger als ein Vierteljahr im Dienste zurückgehalten werden.

Die Entlassung wird vom König[18]) und, sofern die Ernennung nicht durch den König erfolgt ist, von der zur Ernennung zuständigen Behörde bewilligt.

Der Beamte verliert mit dem Dienstaustritte seinen Anspruch auf Diensteinkommen[19]), den Anspruch oder die Aussicht auf Ruhegehalt und Hinterbliebenenversorgung sowie den Titel und die Dienstabzeichen, sofern ihm nicht die Weiterführung des Titels und das Weitertragen der Dienstabzeichen gestattet wird. Die Erlaubnis zur Weiterführung des Titels und zum Weitertragen der Dienstabzeichen kann jederzeit zurückgenommen werden.

---

[13]) Vergl. Fußnote 2 zu Art. 1.

[14]) [15]) Vergl. Art. 42 Abs. I BBesG. n. F.

[16]) Vergl. auch VO. zur Verminderung der Personalausgaben der öffentlichen Verwaltung vom 31. Dezember 1923 (GVBl. S. 420).

[17]) Fassung nach Art. 1 der VO. vom 29. März 1924 (GVBl. S. 128); vergl. auch Art. 5 ebenda.

[18]) Vergl. Fußnote 2 zu Art. 1

[19]) Vergl. Fußnote 14 zu Art. 8.

II. Abschnitt.

Pflichten der Beamten.

Artikel 11. Der Beamte hat alle Obliegenheiten des ihm übertragenen Amtes den Gesetzen, Verordnungen und Dienstvorschriften entsprechend gewissenhaft wahrzunehmen und sich durch sein Verhalten in und außer dem Amte der Achtung, die sein Beruf erfordert, würdig zu erweisen.

Artikel 12. Der Beamte hat den Dienstbefehlen seiner Vorgesetzten zu gehorchen. Soweit er im Vollzug eines Dienstbefehls handelt, trifft die dienstliche Verantwortung den anordnenden Vorgesetzten.

Für einzelne Zweige des Staatsdienstes können mit Rücksicht auf ihre besondere Natur in den Dienstvorschriften Ausnahmen von der Vorschrift des Abs. 1 verfügt werden.

Die dienstliche Gehorsamspflicht gilt für Beamte soweit nicht, als sie die richterliche Gewalt ausüben.

Artikel 13. Verletzt ein Beamter vorsätzlich oder fahrlässig seine Amtspflicht, so haftet er dem Staate für den diesem daraus entstehenden Schaden.

Die Vorschriften der §§ 827, 830, des § 840 Abs. 1, des § 852 Abs. 2 und des § 853 des Bürgerlichen Gesetzbuchs finden entsprechende Anwendung.

Der Anspruch des Staates auf Schadensersatz verjährt in drei Jahren von dem Zeitpunkt an, in dem eine zur Geltendmachung des Anspruchs zuständige Behörde von dem Schaden und der Person des ersatzpflichtigen Beamten Kenntnis erlangt hat, ohne Rücksicht auf diese Kenntnis in dreißig Jahren von der Begehung der Handlung an. Besteht der Schaden darin, daß der Staat wegen einer durch eine Amtspflichtverletzung erfolgten Schädigung eines Dritten diesem Ersatz leisten muß, so beginnt die dreijährige Verjährungsfrist mit dem Zeitpunkt, in dem die Ersatzpflicht des Staates dem Beschädigten gegenüber anerkannt oder rechtskräftig festgestellt ist.

Artikel 14. Der Beamte hat über die ihm vermöge seines Amtes bekannt gewordenen Angelegenheiten, deren Geheimhaltung ihrer Natur nach erforderlich oder von seinen Vorgesetzten vorgeschrieben ist, Verschwiegenheit zu beobachten, auch nachdem das Dienstverhältnis gelöst ist.

Artikel 15. Dem Beamten ist es untersagt, ohne Erlaubnis der vorgesetzten Behörde als Sachverständiger außergerichtliche Gutachten abzugeben.

Artikel 16. Die Teilnahme an einem Vereine, dessen Zwecke oder Bestrebungen den staatlichen oder dienstlichen Interessen zuwiderlaufen, ist dem Beamten untersagt.

Artikel 17. Ein Beamter, der eine Ehe einzugehen beabsichtigt, hat dies rechtzeitig der zuständigen Dienstbehörde anzuzeigen.

Durch Verordnung kann bestimmt werden, daß gewisse Klassen von Beamten zur Eingehung einer Ehe der Erlaubnis der zuständigen Dienstbehörde bedürfen.

Die Erlaubnis darf nur verweigert werden, wenn der Eingehung der Ehe dienstliche Bedenken entgegenstehen.

Artikel 18. Der Beamte darf ein Nebenamt oder ein Nebengeschäft nur übernehmen, soweit dies mit der gewissenhaften Erfüllung seiner Pflichten und mit der Achtung, die sein Beruf erfordert, vereinbar ist.

Ein Beamter, der

1. ein nicht mit einer Entlohnung verbundenes Nebenamt im Dienste des Reichs oder eines anderen Bundesstaats oder
2. eine ehrenamtliche Stellung in den Verwaltungsorganen einer Gemeinde, Anstalt, Stiftung, Kasse, Religions- oder Kirchengesellschaft, Erwerbsgesellschaft oder Genossenschaft oder
3. das Amt eines Schiedsrichters, Testamentsvollstreckers, Vormundes, Pflegers, Beistandes oder eine andere Verwaltung fremder Angelegenheiten übernimmt,

hat dies der vorgesetzten Dienstbehörde anzuzeigen.

Die Erlaubnis der zuständigen Dienstbehörde ist erforderlich:

1. zum Betrieb eines Gewerbes im Sinne der Reichs-Gewerbeordnung und zwar auch dann, wenn es von der Ehefrau oder von einer anderen dem Hausstande des Beamten angehörenden Person betrieben wird;
2. zur Übernahme eines Nebenamts oder Nebengeschäfts, womit eine Entlohnung verbunden ist;
3. zur Beteiligung an der Errichtung einer auf Gewinn gerichteten Gesellschaft als Gründer oder zum Eintritt in den Vorstand, Aufsichtsrat oder Verwaltungsrat einer solchen Gesellschaft. Als eine auf Gewinn gerichtete Gesellschaft gilt eine Genossenschaft nicht, deren Tätigkeit auf den Kreis ihrer Mitglieder beschränkt ist.

Die Erlaubnis kann jederzeit zurückgenommen werden.

In den Fällen des Abs. 3 Ziffer 3 darf die Erlaubnis nur erteilt werden, wenn mit der Tätigkeit weder unmittelbar noch mittelbar ein Gewinn oder eine Entlohnung verbunden ist.

Artikel 19.[20]) Der Beamte ist zur Übernahme von Nebenämtern oder Nebengeschäften im öffentlichen Dienste auch ohne besondere Vergütung verpflichtet, wenn sie seiner Berufsbildung entsprechen.

Artikel 20. Der Beamte darf Titel, [Ehrenzeichen][21]), Gehalte, Belohnungen und Geschenke von anderen Regenten oder Regierungen nur mit Erlaubnis des Königs[22]) oder der vom König[23]) ermächtigten Behörde und sonstige Belohnungen oder Geschenke, die ihm in Bezug auf sein Amt zugedacht sind, nur mit Erlaubnis der zuständigen Dienstbehörde annehmen.

Artikel 21. Der Beamte hat seinen Wohnsitz derart zu nehmen, daß hiedurch die Erfüllung seiner dienstlichen Obliegenheiten nicht beeinträchtigt ist.

Ob der Wohnsitz dieser Anforderung entspricht, wird, wenn ein Zweifel darüber besteht, von der vorgesetzten Dienstbehörde entschieden.

Artikel 22. Die Vorschriften über die Sonntagsruhe und über den Urlaub werden von der Staatsregierung erlassen.

Jedem etatsmäßigen Beamten soll alljährlich ein angemessener Urlaub bewilligt werden, soweit nicht außergewöhnliche Verhältnisse entgegenstehen. Der Feriengenuß ist dem Urlaube gleichzuachten.

Ein Beamter, der sich ohne den erforderlichen Urlaub von seinem Amte fern hält oder den erteilten Urlaub überschreitet, ohne daß ihm ausreichende Entschuldigungsgründe zur Seite stehen, ist, unbeschadet dienststrafrechtlichen Einschreitens, für die Zeit des unerlaubten Fernbleibens vom Amte seines Diensteinkommens[24]) verlustig.

Die Einziehung des Diensteinkommens[24]) (Abs. 3) wird von der Behörde verfügt, die den Urlaub zu erteilen hat. Gegen die Verfügung steht dem Beamten die Beschwerde im Instanzenzuge frei. Die Frist zur Einlegung der Beschwerde beträgt zwei Wochen, vom Tage der Eröffnung der Verfügung an gerechnet.

Artikel 23.[25]) Der Beamte ist vor dem Dienstantritt auf die getreue Erfüllung seiner Obliegenheiten eidlich zu verpflichten.

Der geleistete Eid verpflichtet auch für alle Ämter, die später übertragen werden.

Ist die eidliche Verpflichtung unterblieben, so ist dies auf die Gültigkeit der Amtshandlungen und auf die Verantwortlichkeit für Pflichtverletzungen ohne Einfluß, soweit nicht durch besondere Gesetze für die Übernahme gewisser Ämter die Ableistung eines Dienstеids ausdrücklich vorgeschrieben ist.

Artikel 24. Die Vorschrift in dem Artikel 11 über das Verhalten außer

---

[20]) Neufassung: Fußnote 17 zu Art. 9.

[21]) Hinfällig durch Art. 109 RV.

[22]) [23]) Vergl. Fußnote 2 zu Art. 1.

[24]) Vergl. Fußnote 14 zu Art. 8

[25]) Vergl. Gesetz vom 6. Nov. 1919 (GVBl. S. 783) und Verordnung vom 3. Mai 1920 (GVBl. S. 191).

dem Amte sowie die Vorschriften der Artikel 14, 17, 20 finden auch auf die einstweilen oder zeitlich in den Ruhestand versetzten Beamten entsprechende Anwendung.

Auf die im dauernden Ruhestande befindlichen Beamten finden lediglich die Vorschriften in dem Artikel 11 über das Verhalten außer dem Amte sowie die Vorschriften der Artikel 14, 20 entsprechende Anwendung.

Artikel 25. Die Vorschriften des Artikel 11, des Artikel 12 Abs. 1, 2, der Artikel 13, 14, 16, 17, des Artikel 18 Abs. 1, der Artikel 20, 21, des Artikel 22 Abs. 1 und des Artikel 23 finden auch auf die Staatsdienstaspiranten entsprechende Anwendung, die nicht als Beamte im Sinne des Artikel 1 erklärt sind, ferner auf Personen, die, ohne als Beamte im Sinne des Artikel 1 erklärt zu sein, mit den Verrichtungen solcher Beamten ständig oder vorübergehend betraut sind.

III. Abschnitt.[26])

Diensteinkommen der etatsmäßigen Beamten.

[**Artikel 26.** Die Gehalte der etatsmäßigen Beamten werden durch die Gehaltsordnung bestimmt.

Die Zuweisung des Gehalts an den Beamten erfolgt durch den König oder die vom König ermächtigte Behörde. Der Gehalt des Beamten soll in die ihm zu behändigende Urkunde (Artikel 5 Abs. 1) aufgenommen werden.

Für die Bemessung des Gehalts ist die im Hauptamt übertragene Stelle maßgebend. Welche Dienstesaufgaben im einzelnen zu der im Hauptamt übertragenen Stelle gehören, bestimmen die Dienstesvorschriften.

Keinem Beamten können gleichzeitig mehrere Amtsstellen im Hauptamt übertragen werden.

Für ein Nebenamt oder Nebengeschäft kann dem Beamten eine besondere Vergütung aus der Staatskasse nur bewilligt werden, wenn es mit dem Hauptamte nicht in unmittelbarem Zusammenhange steht oder den Beamten in besonderem Maße in Anspruch nimmt.

Artikel 27. Soweit dienstliche Rücksichten es geboten erscheinen lassen, kann einem Beamten ausnahmsweise durch Königliche Entschließung ein von der Gehaltsordnung abweichender höherer Gehalt verliehen werden.

Auch kann, soweit die Verhältnisse es angezeigt erscheinen lassen, ein Beamter zunächst mit einem geringeren als dem in der Gehaltsordnung vorgesehenen Anfangsgehalt ernannt und ein bereits ernannter Beamter zunächst ohne Änderung seines Gehalts oder unter vorläufiger Gewährung einer Zulage mit der Versehung einer Amtsstelle betraut werden, für die in der Gehaltsordnung ein höherer Gehalt vorgesehen ist.

Abgesehen von diesem Falle darf für die im Hauptamt übertragene Amtsstelle neben dem Gehalt eine weitere Vergütung nur gewährt werden, wenn sie in der Gehaltsordnung vorgesehen ist oder wenn die Dienstleistung des Beamten in außergewöhnlicher Weise über das normale Maß hinausgeht.

Die Vorschriften über die Entschädigungen für den Dienstaufwand und über die Gewährung von Umzugskosten bleiben unberührt.

Artikel 28. Einem Beamten, für dessen Klasse in der Gehaltsordnung ein steigender Gehalt vorgesehen ist, wird, unbeschadet der Vorschriften des Art. 27 Abs. 1, 2 und des Art. 30, bei seiner Ernennung oder Beförderung zunächst der Gehalt der untersten Stufe dieser Klasse zugewiesen.

Bei befriedigender Dienstleistung und tadelfreiem dienstlichen und außerdienstlichen Verhalten rückt er nach Maßgabe seines Dienstalters in die für seine Klasse in der Gehaltsordnung vorgesehenen höheren Dienstaltersstufen vor.

Für die Bemessung der Vorrückung in den Gehalt einer höheren Dienstaltersstufe wird, unbeschadet der Vorschriften der Abs. 4 bis 7 dieses Artikels

---

[26]) Abschnitt III ist mit Ausnahme des Art. 28 Abs. 7 ersetzt durch das Beamtenbesoldungsgesetz vom 2. Juni 1920; vgl. Art. 44 des BBesG. n. F. (GVBl. 1923 S. 109).

und der Vorschriften des Artikel 29, nur die Zeit gerechnet, die der Beamte in etatsmäßiger Eigenschaft in der gleichen oder in einer höheren Klasse der Gehaltsordnung zugebracht hat.

Den Militäranwärtern und Inhabern des Anstellungsscheins wird bei der Ernennung in etatsmäßiger Eigenschaft für die Bemessung des Gehalts die regelmäßige Zeit der Anstellung auf Probe oder der Probedienstleistung angerechnet, soweit sie in der gleichen Stellung zugebracht wurde.

Durch Verordnung kann ferner bestimmt werden, daß den Militäranwärtern bei der Ernennung in etatsmäßiger Eigenschaft ein Teil der Militärdienstzeit für die Bemessung des Gehalts angerechnet wird.

Außerdem kann einem Beamten für die Bemessung des Gehalts ganz oder teilweise die Zeit angerechnet werden, während welcher er

1. im Dienste des Reichs oder
2. im Dienste eines anderen Bundesstaats oder
3. als nicht aus der Staatskasse besoldeter Beamter des Staates oder
4. in einem sonstigen öffentlichen Dienste verwendet oder
5. außerhalb des öffentlichen Dienstes tätig war, sofern diese Tätigkeit für die berufliche Ausbildung förderlich ist.]

Verzögerte sich die Ernennung eines Staatsdienstaspiranten zum etatmäßigen Beamten dadurch, daß er seiner aktiven Militärpflicht genügte oder wegen zeitiger Untauglichkeit von der Aushebung zurückgestellt oder als überzählig vorerst nicht eingestellt wurde, oder wegen des Krieges, so kann die Zeit der Verzögerung bei der späteren Ernennung zum etatmäßigen Beamten für die Bemessung des Grundgehalts entsprechend angerechnet werden.[26a])

[**Artikel 29.** Einem Beamten, der mit Bezug von Wartegeld einstweilen in den Ruhestand versetzt war, soll bei seiner Wiederanstellung für die Bemessung des Gehalts ganz oder teilweise die Zeit angerechnet werden, während welcher er sich im einstweiligen Ruhestand befand.

Das gleiche kann geschehen, wenn ein Beamter, dessen Dienstverhältnis nach Artikel 8 Abs. 2 oder Artikel 10 gelöst war, wieder als etatsmäßiger Beamter angestellt wird, für die vor der Lösung des Dienstverhältnisses in etatsmäßiger Eigenschaft zurückgelegte Dienstzeit, sofern sein Ausscheiden nicht durch eine Verletzung seiner dienstlichen Pflichten veranlaßt war. Die Anrechnung kann einem Beamten, dessen Dienstverhältnis auf sein Ansuchen gelöst wird, bei der Bewilligung der Entlassung zugesichert werden.

Artikel 30. Hatte ein Beamter, der in eine höhere Klasse der Gehaltsordnung übergeführt wird, schon in der bisherigen Klasse einen den Anfangsgehalt der neuen Klasse übersteigenden Gehalt erdient, so tritt er mit dem Zeitpunkte der Überführung sofort in die dem bereits erdienten höheren Gehalt entsprechende Dienstaltersstufe der neuen Klasse ein. Zugleich wird ihm die mit dem erdienten höheren Gehalte zurückgelegte Dienstzeit bis zur Höchstdauer von drei Jahren für die Bemessung der Vorrückung in der neuen Klasse angerechnet.

Die gleiche Anrechnung der Dienstzeit findet statt, wenn der bereits in der bisherigen Klasse erdiente Gehalt dem Anfangsgehalte der neuen Klasse gleich ist.

Besteht ein dem bereits erdienten höheren Gehalt entsprechender Gehaltssatz in der neuen Klasse nicht, so tritt der Beamte sofort in die nächsthöhere Stufe der neuen Klasse ein, in der er die volle für die Vorrückung in die nächstfolgende Dienstaltersstufe vorgesehene Zeit verbleibt. Wäre er jedoch in der früheren Klasse schon vor Ablauf dieser Zeit in einen höheren Gehalt vorgerückt, so rückt er in die nächstfolgende Stufe der neuen Klasse zu der gleichen Zeit vor, zu welcher er in der früheren Klasse vorgerückt wäre. Nach diesem Zeitpunkte bemessen sich auch seine weiteren Gehaltsvorrückungen in der neuen Klasse.

Die Vorschriften des Abs. 3 Satz 2 und 3 finden auch Anwendung, wenn ein Beamter, dessen erdienter Gehalt bei der Überführung in eine höhere Klasse der Gehaltsordnung den Anfangsgehalt der neuen Klasse nicht erreicht, in der

---

[26a]) Neufassung nach Art. 44 des BBesG. n. F. (GVBl. 1923 S. 109).

bisherigen Klasse früher als in der neuen Klasse in einen höheren Gehalt vorgerückt wäre.

War ein Beamter in Bezug auf die Beförderung zeitweise übergangen oder war er in eine einer niedrigeren Klasse der Gehaltsordnung zugeteilte Dienstesstelle zurückversetzt, so bleibt die Bestimmung darüber, ob und wieweit bei einer späteren Beförderung die in der früheren Klasse zugebrachte Dienstzeit für die Bemessung der Vorrückung in der neuen Klasse anzurechnen ist, der Entscheidung des Königs und, sofern die Beförderung nicht durch den König erfolgt, der Entscheidung der zur Beförderung zuständigen Stelle vorbehalten.

Für den Bereich der Verkehrsverwaltung kann durch die Etats festgesetzt werden, daß, sofern ein Beamter aus dienstlichen Gründen aus dem Fahrdienst in einen anderen Dienstzweig übergeführt wird, oder umgekehrt, eine Erhöhung oder Kürzung des Gehalts um einen bestimmten Betrag eintritt. Soweit Beamte der Verkehrsverwaltung, die den besonderen Anforderungen ihres Dienstes nicht mehr gewachsen sind, in einen anderen Dienst übergeführt werden, werden die Bestimmungen über die Bemessung des Gehalts und der Vorrückungen von der Staatsregierung getroffen; eine Kürzung des Gehalts, den der Beamte im Zeitpunkte der Überführung bezieht, darf in diesem Falle nur nach Maßgabe des vorhergehenden Satzes eintreten.

Artikel 31. Geben die dienstlichen Leistungen oder das dienstliche oder außerdienstliche Verhalten eines Beamten zur Beanstandung Anlaß, so kann die Vorrückung in den Gehalt der höheren Dienstaltersstufe ganz oder teilweise versagt oder in längeren Fristen oder nur in widerruflicher Weise bewilligt werden. Die Gründe sind dem Beamten schriftlich zu eröffnen.

Wird dem Beamten die Gehaltsvorrückung für die Folge bewilligt, so ist gleichzeitig zu bestimmen, ob und wieweit durch die Versagung der Vorrückung der Zeitpunkt für die späteren Vorrückungen hinausgeschoben wird. Aus besonderen Gründen kann auch die teilweise oder volle Nachzahlung der vorenthaltenen Dienstalterszulage genehmigt werden.

Artikel 32. Solange gegen einen Beamten ein Dienststrafverfahren oder wegen Verbrechens oder Vergehens eine Voruntersuchung oder ein Hauptverfahren anhängig ist, bleibt die Vorrückung im Gehalt ausgesetzt. Sie bleibt auch ausgesetzt, solange der Beamte mit der Wirkung der Einbehaltung eines Teiles des Gehalts vom Amte vorläufig enthoben ist.

Artikel 33. Die Vorrückung in den Gehalt einer höheren Dienstaltersstufe wird durch das dem Beamten vorgesetzte Staatsministerium oder die von diesem ermächtigte Behörde verfügt.

Die Verfügungen nach Artikel 31 werden von dem Staatsministerium und, sofern zur Ernennung des Beamten eine dem Staatsministerium untergebene Behörde zuständig ist, von dieser getroffen. Gegen die Verfügung steht dem Beamten die Beschwerde an das Staatsministerium [und, wenn die Verfügung von diesem erlassen wurde, an den Staatsrat][26aa]) zu.

Artikel 34. Der Anspruch des Beamten auf den Gehalt beginnt mit dem in der Urkunde (Artikel 5 Abs. 1) bezeichneten Tage der Ernennung, Wiederanstellung oder Beförderung.

Die Dienstalterszulagen werden vom Ersten des Monats an bewilligt, in den der Eintritt in eine neue Dienstaltersstufe fällt.

Der Gehalt wird monatlich vorausbezahlt.

Der Anspruch des Beamten auf den Gehalt erlischt im Falle des Ablebens mit Ablauf des Monats, in dem das Ableben erfolgt ist, im Falle der Versetzung in den Ruhestand mit dem Zeitpunkt, in dem der Anspruch auf die Zahlung des Wartegeldes oder des Ruhegehalts beginnt, im übrigen, unbeschadet der Vorschrift des Artikel 8 Abs. 2 Satz 3, mit der Beendigung der Dienstleistung.

Artikel 35 Für die Dauer des regelmäßigen Urlaubs und für die Zeit der Abwesenheit, für die der Beamte eines Urlaubs nicht bedarf oder der Urlaub nicht verweigert werden kann, findet ein Abzug am Gehalte nicht statt; die etwa erwachsenden Stellvertretungskosten fallen der Staatskasse zur Last.

[26aa]) Vgl. Art. 11 Abs. V BBesGes. n. F. (GVBl. 1923 S. 109).

Das gleiche gilt im Falle der Erkrankung für die Dauer von sechsundzwanzig Wochen. Dauert die durch Krankheit bewirkte Dienstbehinderung ununterbrochen länger als sechsundzwanzig Wochen, so bedarf die weitere unverkürzte Verabfolgung des Gehalts und die Übernahme der etwa weiter erwachsenden Stellvertretungskosten auf die Staatskasse der Erlaubnis des vorgesetzten Staatsministeriums oder der von diesem ermächtigten Stelle.

Wird in anderen Fällen ein die regelmäßige Dauer überschreitender Urlaub erteilt, so steht die Entscheidung darüber, ob und wieweit der Gehalt einzuziehen ist, der zu dieser Beurlaubung zuständigen Behörde zu.

Artikel 36. Bezieht ein etatsmäßiger Beamter auf Grund der Unfallversicherungsgesetze eine Rente aus der Staatskasse, so wird der Gehalt um den Betrag der Unfallrente gekürzt.

Artikel 37. Für den Genuß einer Dienstwohnung hat der Beamte, falls ihm nicht nach der Gehaltsordnung eine freie Dienstwohnung zusteht, eine Mietentschädigung zu entrichten. Diese Entschädigung ist von der zuständigen Behörde unter angemessener Berücksichtigung einerseits des wirklichen Wertes der Wohnung nach ihrer Größe und ihrer Beschaffenheit sowie nach den am Wohnsitze des Beamten für Wohnungen derselben Art zu zahlenden Mietzinsen, andererseits des Wertes festzusetzen, den die Wohnung für den Beamten hat. Sie darf jedoch zwei Drittel des wirklichen Wertes nicht übersteigen.

Die Verpflichtung zur Entrichtung der Mietentschädigung beginnt mit dem Zeitpunkte, von dem an die Übertragung der Amtsstelle, mit welcher der Genuß der Dienstwohnung verbunden ist, wirksam wird; wenn die Dienstwohnung erst später beziehbar wird, mit diesem Zeitpunkte.

Der Beamte ist berechtigt, die Annahme und Benützung einer Dienstwohnung zu verweigern.

Die Dienstwohnung kann jederzeit durch eine andere ersetzt oder dem Beamten unter Einhaltung einer von der zuständigen Behörde festzusetzenden angemessenen Kündigungsfrist entzogen werden.

Scheidet der Beamte aus seiner Amtsstelle aus, so ist die Dienstwohnung innerhalb einer von der zuständigen Behörde zu bestimmenden angemessenen Frist zu räumen.

Die Vorschriften der Abs. 1 bis 5 gelten auch für den Fall, daß einem Beamten ein Dienstzimmer als Wohnung zugewiesen wird.

Für die Benützung von Gärten und sonstigen Grundstücken hat der Beamte eine dem Nutzwert und den örtlichen Verhältnissen entsprechende Pachtentschädigung zu entrichten.

Im übrigen bemißt sich das Verhältnis zwischen dem Staate und den Beamten hinsichtlich der Dienstwohnungen, Dienstzimmer und Grundstücke nach den von der Staatsregierung erlassenen Vorschriften.]

IV. Abschnitt.

Versetzung der etatsmäßigen Beamten in den Ruhestand.

A. Einstweilige Versetzung in den Ruhestand mit Wartegeld.[26b)]

Artikel 38. Der unwiderrufliche Beamte kann unter Bewilligung des gesetzlichen Wartegeldes einstweilen in den Ruhestand versetzt werden, wenn zu seiner Verwendung im Staatsdienst infolge einer Änderung in der Organisation der Behörden und ihrer Bezirke keine Gelegenheit mehr gegeben ist oder wenn ohne sein Verschulden Umstände vorliegen, durch die seine amtliche Wirksamkeit auch auf einer anderen Stelle nicht bloß vorübergehend gestört wäre.

Artikel 39. Das Wartegeld beträgt achtzig vom Hundert des pensionsfähigen Diensteinkommens. Hat der Beamte zur Zeit der einstweiligen Versetzung in den Ruhestand eine pensionsfähige Dienstzeit von 22 Jahren noch nicht zurück-

---

26b) Vgl. auch VO. zur Verminderung der Personalausgaben der öffentlichen Verwaltung v. 31. Dez. 1923 (GVBl. S. 420), VO. üb. d. Änderung d. Personalabbau-VO. v. 12. Febr. 1924 (GVBl. S. 28) u. MB. v. 28. Sept. 1925 (StAnz. Nr. 224).

gelegt, so wird das Wartegeld für jedes volle oder angefangene Jahr, das dem Beamten an der Dienstzeit von 22 Jahren fehlt, um je zwei vom Hundert des pensionsfähigen Diensteinkommens gekürzt. Das Wartegeld beträgt jedoch mindestens 40[26a]) vom Hundert dieses Diensteinkommens. Es darf 80 vom Hundert des pensionsfähigen Diensteinkommens eines Beamten der letzten Dienstaltersstufe der Besoldungsgruppe XIII nicht übersteigen, es sei denn daß sich im Zeitpunkte der einstweiligen Versetzung in den Ruhestand ein höherer Ruhegehalt berechnen würde.[27])

Zum pensionsfähigen Diensteinkommen zählen der Grundgehalt, der pensionsfähige Satz des Ortszuschlags und der als pensionsfähig erklärte Teil des Nebeneinkommens. In den Fällen des Art. 28 des Beamtenbesoldungsgesetzes wird der pensionsfähige Satz des Ortszuschlags im gleichen Verhältnisse gekürzt wie der Ortszuschlag.[28])

Einem Beamten, der seinen dienstlichen Wohnsitz außerhalb des Königreichs hat, sind bei seiner einstweiligen Versetzung in den Ruhestand die Kosten des Umzugs an den von ihm innerhalb des Königreichs gewählten Wohnort nach der für die Vergütung der Umzugskosten an die Staatsbeamten maßgebenden Verordnung zu ersetzen.

Bezieht ein Wartegeldempfänger auf Grund der Unfallversicherungsgesetze eine Rente aus der Staatskasse, so wird das Wartegeld um den Betrag der Unfallrente gekürzt.

Artikel 40. Der Anspruch auf das Wartegeld beginnt mit dem Ablauf des Monats[28a]), der auf den Monat folgt, in dem die einstweilige Versetzung in den Ruhestand dem Beamten bekanntgegeben wurde.[29]) Bis dahin bezieht er noch seinen bisherigen Gehalt.[30]) Ist in der Verfügung ein späterer Zeitpunkt für die Wirksamkeit der einstweiligen Versetzung in den Ruhestand bestimmt, so beginnt der Anspruch auf Wartegeld mit diesem Zeitpunkte.

Artikel 41.[31]) Das Wartegeld wird monatlich vorausgezahlt.

Das Staatsministerium der Finanzen kann die mehrmonatliche Vorauszahlung im Rahmen der jeweils für die Reichsbeamten geltenden Regelung verfügen.

Artikel 42. Der einstweilen in den Ruhestand versetzte Beamte kann unter den gleichen Voraussetzungen wieder zur Dienstleistung berufen werden, unter denen nach Artikel 9 Abs. 1 einem unwiderruflichen Beamten eine andere Amtsstelle übertragen werden kann.

Artikel 43. Der Anspruch auf Wartegeld erlischt:

1. wenn der Beamte nach Maßgabe des Artikel 42 im Staatsdienste wieder angestellt wird;
2. wenn er zeitlich oder dauernd in den Ruhestand versetzt wird;
3. wenn er des Dienstes entlassen oder kraft des Gesetzes seines Amtes verlustig wird;
4. mit Ablauf des Monats, in dem er stirbt.

Artikel 44. Der Anspruch auf das Wartegeld ruht:

1. wenn der Beamte die deutsche Reichsangehörigkeit verliert, bis zu ihrer Wiedererlangung;
2. wenn er ohne Erlaubnis der zuständigen Behörde seinen Wohnsitz außerhalb des Deutschen Reichs nimmt bis zur Rückverlegung des Wohnsitzes oder bis zur nachträglichen Genehmigung der Verlegung;

[26a]) Nun 50 vom Hundert. MB. vom 28. Sept. 1925 (StAnz. Nr. 224).

[27]) Neufassung: Fußnote 17 zu Art. 9.

[28]) Neufassung n. Art. 45 Ziff. 1 des BBesG. n. F. (GVBl. 1923 S. 109).

[28a]) Der Anspruch auf Wartegeld nach Art. 40 Satz 1 beginnt mit dem Ablaufe des Vierteljahrs, das auf den Monat folgt, in dem die einstweilige Versetzung in den Ruhestand dem Beamten bekannt gegeben wurde, MB. v. 28. Sept. 1925 (StAnz. Nr. 224).

[29]) Neufassung: Fußnote 17 zu Art. 9.

[30]) Vgl. Fußnote 14 zu Art. 8.

[31]) Neufassung nach Art. 2 d. Ges. v. 19. Juli 1926 (GVBl. S. 381), vgl. auch Art. 8 d. Ges. z. 9. Abänderung d. BBesGes. usw. v. 29. Febr. 1924 (GVBl. S. 117).

3.[31a]) solange der Beamte aus der Verwendung im Staats- oder in einem sonstigen öffentlichen Dienste ein Diensteinkommen bezieht, soweit als dieses unter Hinzurechnung des Wartegeldes das von ihm im Zeitpunkte des Ausscheidens aus dem Dienste bezogene Diensteinkommen übersteigt. Erdient der Beamte in der neuen Verwendung eine Versorgung (Wartegeld, Ruhegehalt oder einen ähnlichen Bezug), so findet daneben der Bezug des ursprünglichen Wartegeldes nur bis zur Erreichung des Betrages statt, der sich nach Maßgabe der gesamten Dienstzeit (Art. 53 bis 58) aus dem der Festsetzung des ursprünglichen Wartegeldes zugrunde gelegten pensionsfähigen Diensteinkommen berechnet; Abs. 3 gilt entsprechend.

Als Verwendung im Staats- oder in einem sonstigen öffentlichen Dienste im Sinne dieser Vorschrift gilt ohne Rücksicht auf die Art der Beschäftigung jede Tätigkeit, für die eine Vergütung gewährt wird, die ganz oder zum Teil unmittelbar oder mittelbar aus öffentlichen Mitteln fließt. Als Verwendung im sonstigen öffentlichen Dienst ist auch die Beschäftigung bei der Reichsbank zu erachten.

Bei Berechnung des früheren und des neuen Diensteinkommens bleiben die Entschädigungen für den Dienstaufwand, die jederzeit widerruflichen Zulagen für eine Tätigkeit bei bestimmten Behörden und die Auslandszulagen außer Betracht. Dagegen sind sowohl dem früheren und dem neuen Diensteinkommen als auch dem Wartegeld die neben diesen dem Beamten jeweils zustehenden Zuschläge hinzuzurechnen, und zwar nach dem Familienstand und nach den Sätzen zur Zeit der Verwendung. Nach Ortsklassen abgestufte Diensteinkommensteile sind in dem früheren Diensteinkommen mit den für den Ort der Verwendung maßgebenden Sätzen zu berücksichtigen.[31aa])

Artikel 45. Die Einziehung oder Kürzung des Wartegeldes tritt mit Schluß des Monats ein, in dem das die Einziehung oder Kürzung bedingende Ereignis sich vollzogen hat. Vollzieht sich dieses Ereignis am ersten Tage eines Monats, so tritt, abgesehen von dem Falle des Artikel 43 Ziff. 4, die Einziehung oder Kürzung mit dem Beginne dieses Monats ein.

Die Wiedergewährung des Wartegeldes tritt mit dem Beginne des Monats ein, in dem das die Wiedergewährung bedingende Ereignis sich vollzogen hat.

Hat der einstweilen in den Ruhestand versetzte Beamte das Wartegeld über den in Abs. 1 bezeichneten Zeitpunkt hinaus bezogen, so hat er den zuviel bezogenen Betrag zurückzuerstatten oder sich auf anderweitige Bezüge aus der Staatskasse anrechnen zu lassen.

Artikel 46. Die Vorschriften der Artikel 38 bis 45 können auch auf widerrufliche etatsmäßige Beamte entsprechende Anwendung finden.

B. Versetzung in den Ruhestand mit Ruhegehalt.

Artikel 47.[31b]) Der unwiderrufliche Beamte tritt mit Ablauf des Monats in den dauernden Ruhestand, der auf den Monat folgt, in dem er das fünfundsechzigste Lebensjahr vollendet hat. Wenn dringende dienstliche Rücksichten die Fortführung der Dienstgeschäfte durch bestimmte Beamte erfordern, so kann das vorgesetzte Ministerium im Einverständnisse mit dem Staatsministerium der Finanzen die Versetzung in den Ruhestand hinausschieben.

Der unwiderrufliche Beamte kann die Versetzung in den Ruhestand beanspruchen, wenn er infolge eines körperlichen Gebrechens oder Schwäche seiner körperlichen oder geistigen Kräfte zur Erfüllung seiner Amtspflichten unfähig ist.

Artikel 48. Der unwiderrufliche Beamte kann ohne sein Ansuchen in den Ruhestand versetzt werden, wenn er

[1. das fünfundsechzigste Lebensjahr vollendet hat oder][31c])
2. infolge eines körperlichen Gebrechens oder Schwäche seiner körperlichen oder geistigen Kräfte zur Erfüllung seiner Amtspflichten unfähig ist oder

---

[31a]) Vgl. Ziff. 5 d der MB. vom 28. Sept. 1925 (StAnz. Nr. 224).

[31aa]) Neufassung nach Art. 2 des Gesetzes zur 8. Abänderung d. BBesGes. v. 29. Aug. 1923 (GVBl. S. 309) u. Art. 1 d. VO. v. 29. März 1924 (GVBl. S. 128).

[31b]) Neufassung nach Art. 1 der VO. v. 29. März 1924 (GVBl. S. 128).

[31c]) Gestrichen durch Art. 1 der VO. v. 29. März 1924 (GVBl. S. 128).

3. wenn durch sein Verschulden Umstände vorliegen, durch die seine amtliche Wirksamkeit auch auf einer anderen Stelle nicht bloß vorübergehend gestört wäre, ein Disziplinarverfahren aber wegen Verjährung ausgeschlossen ist.

Artikel 49. Wird ein Beamter infolge eines körperlichen Gebrechens oder Schwäche seiner körperlichen oder geistigen Kräfte zur Erfüllung seiner Amtspflichten unfähig und ist der Wiedereintritt der Dienstfähigkeit nicht ausgeschlossen, so ist die Versetzung in den Ruhestand zunächst nur auf die Dauer der voraussichtlichen Dienstunfähigkeit zu verfügen.

Artikel 50. Zum Nachweise der Dienstunfähigkeit eines die Versetzung in den Ruhestand nachsuchenden Beamten ist die Erklärung der ihm unmittelbar vorgesetzten Dienstbehörde erforderlich, daß sie nach pflichtmäßigem Ermessen die Voraussetzungen für die Versetzung in den Ruhestand für gegeben erachtet.

Nach Lage des Falles können weitere Beweismittel gefordert oder die vorliegenden Beweismittel entgegen der Erklärung der unmittelbar vorgesetzten Behörde für ausreichend erachtet werden.

Artikel 51.[31d]) Sucht ein Beamter, bei dem die Voraussetzungen für die Versetzung in den Ruhestand nach Artikel 48 als gegeben erachtet werden, nicht selbst um diesen nach, so wird ihm unter Angabe der Gründe schriftlich eröffnet, daß der Fall seiner Versetzung in den Ruhestand vorliege.

Ist eine Verständigung mit dem Beamten nicht möglich und ein gesetzlicher Vertreter für ihn nicht vorhanden, so hat die zuständige Dienstbehörde ihm einen Vertreter zu bestellen. Die Eröffnung nach Abs. 1 hat in diesem Falle an den gesetzlichen Vertreter oder an den ihm bestellten Vertreter zu erfolgen.

Erhebt der Beamte innerhalb einer Frist von zwei Wochen nach der Eröffnung keine Einwendungen, so wird in derselben Weise verfügt, als wenn er seine Versetzung in den Ruhestand selbst nachgesucht hätte.

Erhebt der Beamte gegen die Versetzung in den Ruhestand Einwendungen, so entscheidet das zuständige Staatsministerium und, sofern zur Versetzung in den Ruhestand eine dem Staatsministerium untergebene Behörde zuständig ist, diese Behörde, ob das Verfahren fortzusetzen sei oder nicht. Bejahendenfalls ist ein Beamter zu beauftragen, die streitigen Tatsachen, soweit nötig unter eidlicher Vernehmung von Zeugen und Sachverständigen, zu untersuchen. Der Beamte, der in den Ruhestand versetzt werden soll, darf den Vernehmungen beiwohnen. Er darf mit einem Beistand erscheinen oder einen Vertreter schicken. Über das Ergebnis der Ermittlungen ist er mit seinen Erklärungen und Anträgen zu hören. Auch hiezu darf er mit einem Beistand erscheinen. Ungeeignete Vertreter oder Beistände können zurückgewiesen werden.

Ist die Eröffnung dem gesetzlichen oder bestellten Vertreter gemacht worden, so hat das Staatsministerium oder die zur Versetzung in den Ruhestand zuständige untergebene Behörde darüber, ob das Verfahren fortzusetzen sei oder nicht, auch dann zu entscheiden, wenn Einwendungen nicht erhoben worden sind. Auf das Verfahren finden die Vorschriften des Abs. 4 entsprechende Anwendung.

Nach Schluß der Verhandlungen werden die Akten dem Staatsministerium oder der zur Versetzung in den Ruhestand zuständigen untergebenen Behörde zur Entscheidung darüber vorgelegt, ob die Versetzung in den Ruhestand zulässig ist. Gegen die Entscheidung steht dem Beamten Beschwerde an das Staatsministerium [und, wenn die Entscheidung von diesem ausgegangen ist, an den Staatsrat] zu. Die Frist zur Einlegung der Beschwerde beträgt zwei Wochen vom Tage der Eröffnung der Entscheidung an gerechnet.

Die baren Auslagen, die durch unbegründete Einwendungen des Beamten oder seines Vertreters erwachsen sind, fallen dem Beamten zur Last, falls ihm bekannt oder infolge grober Fahrlässigkeit unbekannt war, daß die Einwendungen unbegründet sind.

Artikel 52. Der Ruhegehalt, den der unwiderrufliche Beamte im Falle seiner Versetzung in den Ruhestand zu beanspruchen hat, beträgt für die ersten

---

[31d]) Vgl. Fußnote 17 zu Art. 9.

zehn Dienstjahre fünfunddreißig vom Hundert und steigt mit dem Antritt jedes weiteren Dienstjahres bis zum Eintritt in das fünfundzwanzigste Dienstjahr jährlich um zwei vom Hundert und vom Eintritt in das sechsundzwanzigste Dienstjahr an jährlich um eins vom Hundert des pensionsfähigen Diensteinkommens (Art. 39 Abs. 2).

Der Ruhegehalt darf achtzig vom Hundert des pensionsfähigen Diensteinkommens nicht übersteigen.[31e)]

Für einen einstweilen mit Wartegeld in den Ruhestand versetzten Beamten wird im Falle seiner Versetzung in den zeitlichen oder dauernden Ruhestand der Ruhegehalt aus dem vor seiner einstweiligen Versetzung in den Ruhestand bezogenen pensionsfähigen Diensteinkommen berechnet.

Einem Beamten, der seinen dienstlichen Wohnsitz außerhalb des Königreichs hat, sind bei seiner Versetzung in den Ruhestand die Kosten des Umzugs an den von ihm innerhalb des Königreichs gewählten Wohnort nach der für die Vergütung der Umzugskosten an die Staatsbeamten maßgebenden Verordnung zu ersetzen.

Artikel 53. Die der Berechnung des Ruhegehalts zugrunde zu legende Dienstzeit wird vom Tage der ersten eidlichen Verpflichtung als Beamter (Artikel 23), sofern jedoch die Eigenschaft eines Beamten im Sinne dieses Gesetzes früher gegeben war, von diesem Zeitpunkt an gerechnet.

Artikel 54.[32)] Bei der Feststellung der Dienstzeit (Art. 53) wird auch die Zeit gerechnet, während welcher der Beamte

1. im einstweiligen Ruhestand im Dienste des Staates oder des Reiches verwendet wurde oder
2. im Dienste des Reiches oder
3. als anstellungsberechtigte ehemalige Militärperson auf einer ihm später in etatmäßiger Eigenschaft übertragenen Amtsstelle gleicher Art zunächst auf Probe oder zur probeweisen Dienstleistung verwendet war oder
4. als Staatsdienstaspirant den für die Ernennung zum etatmäßigen Beamten angeordneten oder zugelassenen Vorbereitungsdienst ableistete.

Außerdem wird auch, soweit nicht Abs. 1 Ziff. 1 zutrifft, die Hälfte der Zeit gerechnet, während der der Beamte mit Bezug von Wartegeld im einstweiligen Ruhestande sich befand.

Artikel 55.[32a)] Der Zivildienstzeit wird die Zeit des aktiven Militärdienstes im deutschen Heere oder in der Kaiserlichen Marine oder bei den Kaiserlichen Schutztruppen sowie die Zeit eines früheren aktiven Militärdienstes in einem zum Deutschen Reiche gehörigen Bundesstaate hinzugerechnet.

Für jeden Krieg, an dem ein Beamter im deutschen Heere, in der Kaiserlichen Marine oder bei den Kaiserlichen Schutztruppen oder in der bewaffneten Macht eines Bundesstaats teilgenommen hat, wird zu der wirklichen Dauer der Dienstzeit ein Jahr (Kriegsjahr) hinzugerechnet; jedoch ist für mehrere in ein Kalenderjahr fallende Kriege die Anrechnung nur eines Kriegsjahrs zulässig.

Wer als Teilnehmer an einem Kriege anzusehen ist, unter welchen Voraussetzungen bei Kriegen von längerer Dauer mehrere Kriegsjahre anzurechnen sind, welche militärische Unternehmungen als ein Krieg im Sinne dieses Gesetzes anzusehen und welche Zeit als Kriegszeit zu rechnen ist, wenn keine Mobilmachung oder Demobilmachung stattgefunden hat, bemißt sich nach den für die Reichsbeamten geltenden Vorschriften und, soweit in der Vergangenheit solche Vorschriften für die Reichsbeamten nicht getroffen wurden, nach den Entschließungen des Königs.[33)]

Wieweit die Zeit eines Festungsarrestes oder einer Kriegsgefangenschaft

---

31e) Neufassung nach Art. 2 des Gesetzes zur achten Abänderung des Beamtenbesoldungsgesetzes vom 29. August 1923 (GVBl. S. 309).

32) Neufassung: Fußnote 17 zu Art. 9.

32a) Vgl. hiezu Gesetz vom 9. August 1921 (GVBl. S. 479).

33) Vergl. Fußnote 2 zu Art. 1.

angerechnet werden kann, ist nach den für die Pensionierung der Militärpersonen geltenden gesetzlichen Vorschriften zu bemessen.

Artikel 56. Bei der Feststellung der Dienstzeit (Artikel 53) kann ganz oder teilweise auch die Zeit gerechnet werden, während welcher der Beamte

1. im Dienste eines anderen deutschen Bundesstaats oder eines dem Deutschen Reiche nicht angehörenden Staates oder
2. als nicht aus der Staatskasse besoldeter Beamter des Staates oder
3. in einem sonstigen öffentlichen Dienste verwendet oder
4. außerhalb des öffentlichen Dienstes tätig war, sofern diese Tätigkeit für die berufliche Ausbildung förderlich ist, oder
5. vor seiner Ernennung im privatrechtlichen Vertragsverhältnisse zum Staate oder zu einem Staatsbeamten Dienst geleistet hat, sofern er mit Aussicht auf dauernde Verwendung ständig und hauptsächlich mit den Dienstverrichtungen eines Beamten betraut war und diese Beschäftigung zu seiner Ernennung zum Beamten geführt hat.

Dem Beamten kann bei seiner Ernennung die volle oder teilweise Anrechnung dieser Zeit (Abs. 1) zugesichert werden.

Artikel 57. Einem Beamten, dessen Dienstverhältnis nach Artikel 8 Abs. 2 oder nach Artikel 10 gelöst war und der später im Staatsdienste wieder in etatsmäßiger Eigenschaft angestellt wird, kann bei der Feststellung der Dienstzeit (Artikel 53) ganz oder teilweise die vor der Lösung des Dienstverhältnisses zurückgelegte Zivildienstzeit angerechnet werden, sofern sein Ausscheiden nicht durch eine Verletzung seiner dienstlichen Pflichten veranlaßt war.

Die Anrechnung kann einem Beamten, dessen Dienstverhältnis auf sein Ansuchen gelöst wird, bei der Bewilligung der Entlassung zugesichert werden.

Artikel 58. Nicht gerechnet wird die Zivil- und Militärdienstzeit, die der Beamte vor Vollendung des einundzwanzigsten Lebensjahrs zurückgelegt hat. Nur im Kriegsfalle wird die Militärdienstzeit vom Beginne des Krieges, beim Eintritt in den Militärdienst während des Krieges vom Tage des Eintritts an nach der Vorschrift des Artikel 55 ohne Rücksicht auf das Lebensalter angerechnet.

Artikel 59. Hat der in den Ruhestand versetzte Beamte aus einem früheren Dienstverhältnis einen Anspruch auf Wartegeld, Ruhegehalt oder auf einen ähnlichen Bezug gegenüber dem Reiche, einem anderen Staate, einer Gemeinde, Religions- oder Kirchengesellschaft oder sonstigen Körperschaft, Stiftung oder Anstalt des öffentlichen Rechtes, so wird der Ruhegehalt nach der gesamten Dienstzeit (Artikel 53 bis 58) berechnet, die sich unter Einrechnung der Zeit des früheren Dienstverhältnisses ergeben würde, und sodann um den Betrag des in dem früheren Dienstverhältnis erworbenen Bezugs gekürzt.

Artikel 60. Bezieht der in den Ruhestand versetzte Beamte auf Grund der Unfallversicherungsgesetze eine Rente aus der Staatskasse, so wird der Ruhegehalt um den Betrag der Unfallrente gekürzt. In besonderen Fällen kann durch das dem Beamten vorgesetzte Staatsministerium von dieser Kürzung ganz oder teilweise Abstand genommen werden.

Den Beamten der Bergwerks-, Hütten- und Salinenverwaltung, für die der Staat als Werksbesitzer Beiträge in der Höhe der Mitgliederbeiträge geleistet hat, wird auf den nach diesem Gesetze sich berechnenden Ruhegehalt die Hälfte des Bezugs aus der Knappschaftskasse angerechnet.

[**Artikel 61.** Beamten, die Mitglieder einer Kreispensionsanstalt für dienstunfähige Lehrpersonen im Sinne des Artikel 18 Abs. 2 des Schulbedarfgesetzes vom 28. Juli 1902 sind, wird neben dem nach dem gegenwärtigen Gesetze sich berechnenden Ruhegehalte der nach den Satzungen der Kreispensionsanstalt sich berechnende Ruhegehalt soweit gewährt, als dieser den nach dem gegenwärtigen Gesetze sich berechnenden Ruhegehalt übersteigt.][34])

Artikel 62. Der Anspruch auf den Ruhegehalt beginnt mit dem Zeit-

---

[34]) Aufgehoben durch Art. 183 des Volksschullehrergesetzes v. 14. August 1919 (GVBl. S. 437).

punkte, von dem an die Versetzung in den Ruhestand verfügt wird. Endigt die Dienstleistung in einem späteren Zeitpunkte, so beginnt der Anspruch auf den Ruhegehalt mit diesem Zeitpunkte.

Fällt dieser Zeitpunkt nicht auf den Ersten eines Monats, so beginnt die Zahlung des Ruhegehalts am Ersten des nächsten Monats. Bis dahin bezieht der in den Ruhestand versetzte Beamte noch seinen Gehalt, auch wenn er bereits seiner Dienstleistung enthoben ist.

Hat der Beamte seinen Gehalt[35]) über diesen Zeitpunkt (Abs. 1, 2) hinaus bezogen, so hat er den zuviel bezogenen Betrag zurückzuerstatten oder sich auf den Ruhegehalt oder anderweitige Bezüge aus der Staatskasse anrechnen zu lassen.

Artikel 63.[35a]) Der Ruhegehalt wird monatlich vorausgezahlt.

Das Staatsministerium der Finanzen kann die mehrmonatliche Vorauszahlung im Rahmen der jeweils für die Reichsbeamten geltenden Regelung verfügen.

Artikel 64. Der infolge eines körperlichen Gebrechens oder Schwäche seiner körperlichen oder geistigen Kräfte zeitlich oder dauernd in den Ruhestand versetzte Beamte kann unter den gleichen Voraussetzungen, unter denen nach dem Artikel 9 Abs. 1 einem unwiderruflichen Beamten eine andere Amtsstelle übertragen werden kann, wieder zur Dienstleistung berufen werden, wenn er seine Dienstfähigkeit wieder erlangt und das fünfundsechzigste Lebensjahr noch nicht überschritten hat.

Kann ein zeitlich in den Ruhestand versetzter Beamter nach Wiedererlangung seiner Dienstfähigkeit nicht sofort auf einer geeigneten Amtsstelle wieder angestellt werden, so wird er bis zum Eintritte dieser Möglichkeit unter Fortgewährung seines Ruhegehaltes im zeitlichen Ruhestande belassen.

Artikel 65. Der Anspruch auf den Ruhegehalt erlischt:

1. wenn der Beamte nach Maßgabe des Artikel 64 im Staatsdienste wieder angestellt wird;
2. wenn er rechtskräftig zu einer Strafe verurteilt ist, die, wenn er im Zeitpunkte der Rechtskraft noch im Dienste gewesen wäre, kraft des Gesetzes den Verlust des Amtes zur Folge gehabt hätte, oder wenn ihm durch Urteil des Disziplinargerichts der Anspruch auf den Ruhegehalt rechtskräftig aberkannt worden ist;
3. mit dem Ablauf des Monats, in dem er stirbt.

Artikel 66. Der Anspruch auf den Ruhegehalt ruht:

1. wenn der Beamte die deutsche Reichsangehörigkeit verliert, bis zu ihrer Wiedererlangung;
2.[35aa]) solange der Beamte aus der Verwendung im Staats- oder in einem sonstigen öffentlichen Dienste ein Diensteinkommen bezieht, soweit als dieses unter Hinzurechnung des Ruhegehalts das von ihm im Zeitpunkte des Ausscheidens aus dem Dienste bezogene Diensteinkommen übersteigt. Erdient der Beamte in der neuen Verwendung eine Versorgung (Ruhegehalt, Wartegeld oder einen ähnlichen Bezug), so findet daneben der Bezug des ursprünglichen Ruhegehalts nur bis zur Erreichung des Betrages statt, der sich nach Maßgabe der gesamten Dienstzeit (Art. 53 bis 58) aus dem der Festsetzung des ursprünglichen Ruhegehalts zugrunde gelegten pensionsfähigen Diensteinkommen berechnet. Art. 44 Ziff. 3 Abs. 2, 3 gilt entsprechend.[35b])

Artikel 67. Die Einziehung oder Kürzung des Ruhegehalts tritt mit Schluß des Monats ein, in dem das die Einziehung oder Kürzung bedingende Ereignis sich vollzogen hat. Vollzieht sich dieses Ereignis am ersten Tage eines Monats, so tritt, abgesehen von dem Falle des Artikel 65 Ziff. 3, die Einziehung oder Kürzung mit dem Beginne dieses Monats ein.

---

[35]) Vgl. Art. 42 Abs. III BBes.Ges. n. F.

[35a]) Neufassung: Fußnote zu Art. 41.

[35aa]) Vgl. auch Anm. 31 a zu Art. 44 Ziff. 3.

[35b]) Neufassung: Fußnote 31[e] zu Art. 52.

Die Wiedergewährung des Ruhegehalts tritt mit dem Beginne des Monats ein, in dem das die Wiedergewährung bedingende Ereignis sich vollzogen hat.

Hat der in den Ruhestand versetzte Beamte den Ruhegehalt über den in Abs. 1 bezeichneten Zeitpunkt hinaus bezogen, so hat er den zuviel bezogenen Betrag zurückzuerstatten oder sich auf anderweitige Bezüge aus der Staatskasse anrechnen zu lassen.

Artikel 68. Die widerruflichen etatsmäßigen Beamten können auf Grund eintretender Dienstunfähigkeit in den Ruhestand versetzt werden. In diesem Falle kann ihnen in widerruflicher Weise ein Ruhegehalt bis zur Höhe des nach den vorstehenden Bestimmungen sich berechnenden Betrags gewährt werden.

C. Gemeinsame Bestimmungen.

Artikel 69. Die Versetzung in den Ruhestand wird, sofern der Beamte durch den König[36]) ernannt wurde, durch den König, außerdem durch die zur Ernennung zuständige Stelle verfügt.

Artikel 70. Die in den Ruhestand versetzten Beamten sind zur Weiterführung ihres bisherigen Amtstitels mit dem Beisatz „außer Dienst" befugt. Auch kann ihnen das Weitertragen der Dienstabzeichen gestattet werden. Die Befugnis des Beamten zur Führung eines anderen ihm verliehenen Titels bleibt unberührt.

Die Erlaubnis zum Weitertragen der Dienstabzeichen kann jederzeit zurückgenommen werden. Ebenso kann den widerruflichen Beamten jederzeit die Befugnis zur Weiterführung des Titels entzogen werden. Den unwiderruflichen Beamten kann die Befugnis zur Weiterführung des Titels nur im Wege des Disziplinarverfahrens entzogen werden.

Artikel 71. Die Festsetzung des Wartegeldes oder Ruhegehalts erfolgt durch die zuständigen Staatsministerien im Benehmen mit dem Staatsministerium der Finanzen. Die Staatsministerien können diese Befugnis einer untergebenen Behörde übertragen.

Der Jahresbetrag des Wartegeldes und des Ruhegehalts ist nach oben so abzurunden, daß bei Teilung durch drei sich volle Markbeträge ergeben.[36a])

V. Abschnitt.

Fürsorge für die Hinterbliebenen der etatsmäßigen Beamten.

A. Sterbegehalt.

Artikel 72. Die Witwe und die ehelichen oder legitimierten Kinder eines etatsmäßigen Beamten erhalten für das auf den Sterbemonat folgende Vierteljahr noch den vollen Betrag des von dem Beamten bezogenen Gehalts[37]) (Art. 26)[38]), Wartegeldes (Art. 39, 46) oder Ruhegehalts (Art. 52, 68) abzüglich des bereits zu Lebzeiten des Beamten erhobenen Teilbetrags als Sterbegehalt.

In Ermangelung solcher Hinterbliebener kann der Sterbegehalt ganz oder teilweise auch dann gewährt werden, wenn der Verstorbene Eltern, Großeltern, Geschwister, Geschwisterkinder, Enkel, Adoptiv-, Stief- oder Pflegekinder, deren Ernährer er war, in Bedürftigkeit hinterläßt oder wenn der Nachlaß nicht ausreicht, die Kosten der letzten Krankheit oder der Beerdigung zu decken.

An wen die Zahlung des Sterbegehalts rechtsgültig zu leisten und wie er unter mehrere Anspruchsberechtigte (Abs. 1) oder Beteiligte (Abs. 2) zu verteilen ist, bestimmt die Staatsregierung mit Ausschluß des Rechtswegs.

Der Sterbegehalt kann weder abgetreten noch verpfändet werden.

B. Witwen- und Waisengeld.

Artikel 73. Die Witwe und die ehelichen oder legitimierten Kinder eines unwiderruflichen Beamten, der zur Zeit seines Todes im Genuß eines Ruhegehaltes stand oder hiezu berechtigt gewesen wäre, erhalten Witwen- und Waisengeld nach Maßgabe der folgenden Vorschriften.

---

36) Vgl. Fußnote 2 zu Art. 1.

36a) Vgl. Ziff. 4 Abschn. B der Bek. v. 24. Dez. 1923 (StAnz. Nr. 298).

37) Vgl. Art. 42 Abs. III BBes.G. n. F.

38) Vgl. Fußnote 26 zu Abschn. III.

Artikel 74. Das Witwengeld beträgt jährlich sechzig[39]) vom Hundert des Ruhegehalts, zu dessen Bezug der verstorbene Beamte berechtigt gewesen ist oder berechtigt gewesen sein würde, wenn er am Todestag in den Ruhestand versetzt worden wäre. Der Berechnung des Witwengeldes darf jedoch in keinem Falle ein höherer Betrag als achtzig[40]) vom Hundert des pensionsfähigen Diensteinkommens des Beamten (Artikel 39 Abs. 2) zugrunde gelegt werden.

Das Witwengeld soll, unbeschadet der Vorschrift in Artikel 76, mindestens ein Drittel des niedrigsten pensionsfähigen Diensteinkommens der Besoldungsgruppe A I und höchstens die Hälfte des pensionsfähigen Diensteinkommens der Besoldungsgruppe B II betragen.[40])

Beziehen die Witwen oder Waisen auf Grund der Unfallversicherungsgesetze eine Witwen- oder Kinderrente aus der Staatskasse, so werden das Witwen- und Waisengeld je um den Betrag dieser Rente gekürzt.

Im Falle der Wiederverheiratung kann der Witwe auf Ansuchen eine einmalige Beihilfe bis zum fünffachen Jahresbetrage des Witwengeldes (Abs. 1) gewährt werden.

Artikel 75. Das Waisengeld beträgt jährlich:

1. für jedes Kind, dessen Mutter noch lebt und zur Zeit des Todes des Beamten zum Bezuge von Witwengeld berechtigt war, ein Fünftel des Witwengeldes;
2. für jedes Kind, dessen Mutter nicht mehr lebt oder zur Zeit des Todes des Beamten zum Bezuge von Witwengeld nicht berechtigt war, ein Drittel des Witwengeldes.

Artikel 76. Witwen- und Waisengeld dürfen zusammen den Betrag des Ruhegehalts nicht übersteigen, zu dessen Bezug der Verstorbene berechtigt gewesen ist oder berechtigt gewesen sein würde, wenn er am Todestag in den Ruhestand versetzt worden wäre. Die Bestimmung des Artikel 74 Abs. 1 Satz 2 findet entsprechende Anwendung.

Ergibt sich an Witwen- und Waisengeld zusammen ein höherer Betrag, so werden die einzelnen Sätze im gleichen Verhältnisse gekürzt.

Nach dem Ausscheiden eines Witwen- oder Waisengeld-Berechtigten erhöht sich das Witwen- oder Waisengeld der verbleibenden Berechtigten vom Beginne des folgenden Monats an soweit, als sie sich noch nicht im vollen Genusse der ihnen nach den Artikeln 74, 75 und dem Artikel 76 Abs. 1 gebührenden Beträge befinden. Das gleiche gilt im Falle des Artikel 86 Abs. 1 Ziff. 1 für die Dauer des vorübergehenden Ausscheidens eines Bezugsberechtigten.

Artikel 77. War die Witwe mehr als fünfzehn Jahre jünger als der verstorbene Beamte, so wird das nach Maßgabe des Artikel 74 und des Artikel 76 Abs. 1, 2 berechnete Witwengeld für jedes angefangene Jahr des Altersunterschieds über fünfzehn bis einschließlich fünfundzwanzig Jahre um ein Zwanzigstel gekürzt. Nach fünfjähriger Dauer der Ehe wird für jedes angefangene Jahr ihrer weiteren Dauer dem gekürzten Betrag ein Zehntel des nach Maßgabe des Artikel 74 und des Artikel 76 Abs. 1, 2 sich berechnenden Witwengeldes so lange hinzugesetzt, bis der volle Betrag wieder erreicht ist.

Die Kürzung unterbleibt, soweit hiedurch das Witwengeld unter ein Drittel des niedrigsten pensionsfähigen Diensteinkommens der Besoldungsgruppe A I herabsinken würde.[40])

Auf den nach dem Artikel 75 zu berechnenden Betrag des Waisengeldes ist diese Kürzung des Witwengeldes ohne Einfluß.

Artikel 78. Liegen die Voraussetzungen einer Kürzung sowohl nach dem Artikel 76 als auch nach dem Artikel 77 vor, so ist zunächst das Witwen- und Waisengeld nach dem Artikel 76 und erst dann das Witwengeld nach dem Artikel 77 zu kürzen, demnächst aber der gemäß dem Artikel 77 an dem Witwen-

---

[39]) Neufassung durch das Gesetz zur siebenten Abänderung des Beamtenbesoldungsgesetzes vom 9. Januar 1923 (GVBl. S. 7).

[40]) Neufassung: Fußnote 31 e zu Art. 52.

gelde gekürzte Betrag dem nach dem Artikel 76 gekürzten Waisengelde bis zur Erreichung des vollen Betrags zuzusetzen.

Artikel 79. Den Hinterbliebenen der Beamten der Bergwerks-, Hütten- und Salinenverwaltung, für die der Staat als Werksbesitzer Beiträge in der Höhe der Mitgliederbeiträge geleistet hat, wird auf das nach diesem Gesetze sich berechnende Witwen- und Waisengeld die Hälfte des Bezugs aus der Knappschaftskasse angerechnet.

Artikel 80. Ist ein Beamter, dessen Hinterbliebenen im Falle seines Todes auf Grund dieses Gesetzes Witwen- und Waisengeld zustehen würde, verschollen, so kann den Hinterbliebenen das Witwen- und Waisengeld in widerruflicher Weise bereits vor der Todeserklärung gewährt werden, wenn das Ableben des verschollenen Beamten mit hoher Wahrscheinlichkeit anzunehmen ist. Den Tag, von welchem an in diesem Falle die Zahlung des Witwen- und Waisengeldes beginnt, bestimmt die zur Gewährung zuständige Behörde (Artikel 83).

Artikel 81. Keinen Anspruch auf Witwen- und Waisengeld haben die Witwe und die hinterbliebenen Kinder eines Beamten aus einer Ehe, die erst nach der Versetzung des Beamten in den dauernden Ruhestand geschlossen worden ist.

Artikel 82. Der Anspruch auf Witwen- und Waisengeld beginnt mit dem Ablaufe der Zeit, für die der Sterbegehalt (Artikel 72) verabfolgt wurde, für Waisen, die erst nach Ablauf dieser Zeit geboren wurden, mit dem Beginne des Monats der Geburt.

Artikel 83. Die Festsetzung des Witwen- und Waisengeldes und die Bestimmung darüber, an wen die Zahlung zu leisten ist, sowie die Bewilligung der einmaligen Beihilfen (Artikel 74 Abs. 4) erfolgt durch die zuständigen Staatsministerien im Benehmen mit dem Staatsministerium der Finanzen. Die Staatsministerien können diese Befugnis einer untergebenen Behörde übertragen.

Der Jahresbetrag des Witwen- und Waisengeldes ist nach oben so abzurunden, daß bei Teilung durch drei sich volle Markbeträge ergeben.[36a] Im Falle einer nach den Artikeln 76, 77 oder nach beiden Bestimmungen zugleich vorzunehmenden Kürzung findet die Abrundung erst nach Vornahme dieser Kürzung statt.

Artikel 84. Das Witwen- und Waisengeld wird monatlich vorausgezahlt.

Artikel 85. Der Anspruch auf Witwen- und Waisengeld erlischt:

1. für jeden Berechtigten mit dem Ablaufe des Monats, in dem er sich verheiratet oder stirbt;
2. für jede Waise mit dem Ablaufe des Monats, in dem sie das einundzwanzigste Lebensjahr vollendet.

Artikel 86. Der Anspruch auf Witwen- und Waisengeld ruht:

1. wenn der Berechtigte die deutsche Reichsangehörigkeit verliert, bis zu ihrer Wiedererlangung;
2. wenn einem Hinterbliebenen aus einer anderweitigen Verwendung des verstorbenen Beamten im Staats- oder einem sonstigen öffentlichen Dienste eine Versorgung zusteht, soweit, als das Witwen- und Waisengeld unter Hinzurechnung dieser anderweitigen Versorgung den Betrag überschreitet, den der Hinterbliebene nach den Vorschriften dieses Gesetzes unter Zugrundelegung desjenigen Betrags zu beziehen hätte, der dem verstorbenen Beamten nach dem Artikel 66 Ziff. 2 Satz 2, 3[41]) gezahlt wurde oder zu zahlen gewesen wäre;[40a])
3. bei der Ernennung zum Beamten (Art. 1) oder bei einer anderweitigen Verwendung im Staats- oder in einem sonstigen öffentlichen Dienste, soweit als
   a) das Diensteinkommen der Witwe unter Hinzurechnung des Witwengeldes den Ruhegehalt[40aa]), der dem Verstorbenen an demselben Ort während derselben Zeit zugestanden hätte,

---

[40a]) Vgl. Anm. 31 a zu Art. 44 Ziff. 3.

[40aa]) Vgl. hiezu Abs. 1 Ziff. 3 der MB. v. 28. Sept. 1925 (StAnz. Nr. 224) mit folgendem Wortlaut: Als Höchstgrenze, bis zu der nach Art. 86 Abs. 1 Ziff. 3 in der Fassung des Art. 2 Ziff. VII Nr. 2 des Ges. v. 29. Aug. 1923 (GVBl. S. 309)

b) das Diensteinkommen der Waisen unter Hinzurechnung des Waisengeldes die Hälfte des Ruhegehalts (a)

übersteigt. Erdient die Witwe aus dieser Verwendung eine Vorsorgung (Wartegeld, Ruhegehalt oder einen ähnlichen Bezug), so ruht das nach diesem Gesetze sich berechnende Witwengeld insoweit, als diese unter Hinzurechnung des Witwengeldes neunzig vom Hundert des Ruhegehalts[40aa]) (Satz 1 Buchst. a) übersteigt. Art. 44 Ziff. 3 Abs. 2, 3 gilt entsprechend.[40a])[41])

Auf die Einziehung und Wiedergewährung des Witwen- und Waisengeldes finden die Vorschriften des Artikel 67 entsprechende Anwendung.

Artikel 87. Die Witwe und die ehelichen oder legitimierten Kinder eines widerruflichen etatsmäßigen Beamten erhalten Witwen- und Waisengeld nach Maßgabe der vorstehenden Vorschriften (Artikel 74 bis 86), wenn der verstorbene Beamte im Zeitpunkte seines Todes auf Grund der Artikel 46, 68 im Genuß eines Wartegeldes oder Ruhegehalts stand oder wenn ihm nach Artikel 68 ein Ruhegehalt hätte gewährt werden können, falls er im Zeitpunkte seines Todes in den Ruhestand versetzt worden wäre.

Der Bemessung des Witwen- und Waisengeldes ist der volle Betrag des Ruhegehalts zugrunde zu legen, der sich für den verstorbenen Beamten auf Grund der Vorschriften der Artikel 52 bis 61 berechnet hätte, auch wenn dem verstorbenen Beamten selbst auf Grund des Artikel 68 ein geringerer Ruhegehalt bewilligt war.

Artikel 88. Im Falle der Erwerbsunfähigkeit und Unterstützungsbedürftigkeit können den hinterbliebenen ehelichen und legitimierten Kindern eines etatsmäßigen Beamten (Artikel 73, 87), die das einundzwanzigste Lebensjahr bereits vollendet haben und ledigen Standes sind, fortlaufende Unterhaltsbeiträge bis zur Höhe des Waisengeldes gewährt werden, das sich bei Anwendung der Vorschriften dieses Gesetzes berechnet.

Die Bewilligung dieser Unterhaltsbeiträge erfolgt durch das zuständige Staatsministerium im Benehmen mit dem Staatsministerium der Finanzen. Die Staatsministerien können diese Befugnis auf andere Behörden übertragen.[42])

VI. Abschnitt.

Unfallfürsorge.

A. Fürsorge bei Betriebsunfällen, die in reichsgesetzlich der Unfallversicherung unterliegenden Betrieben eintreten.

Artikel 89. Beamte, die in reichgesetzlich der Unfallversicherung unterliegenden Betrieben beschäftigt sind, erhalten, wenn sie infolge eines im Dienste erlittenen Betriebsunfalls dauernd dienstunfähig werden, als Ruhegehalt sechsundsechzig zwei Drittel vom Hundert ihres jährlichen Diensteinkommens.

Sind solche Beamte infolge eines im Dienste erlittenen Betriebsunfalls nicht dauernd dienstunfähig geworden, aber in ihrer Erwerbsfähigkeit beeinträchtigt worden, so erhalten sie bei ihrer Entlassung aus dem Dienste als Ruhegehalt:

1. im Falle völliger Erwerbsunfähigkeit für deren Dauer den im ersten Absatze bezeichneten Betrag;
2. im Falle teilweiser Erwerbsunfähigkeit für deren Dauer denjenigen Teil des vorstehend bezeichneten Ruhegehalts, der dem Maße der durch den Unfall herbeigeführten Einbuße an Erwerbsfähigkeit entspricht.

Ist der Verletzte infolge des Unfalls nicht nur völlig dienst- oder erwerbsunfähig, sondern auch derart hilflos geworden, daß er ohne fremde Wartung und

---

und nach Art. 79 Abs. II BLG. in der Fassung des Art. 3 Ziff. VI Nr. 2 des genannten Gesetzes das Witwengeld neben einem Diensteinkommen oder einer Versorgung aus einer Verwendung im öffentlichen Dienst ungekürzt gewährt wird, tritt an Stelle des Ruhegehalts der Verstorbenen das pensionsfähige Diensteinkommen und an Stelle des aufgeführten Hundertsatzes des Ruhegehalts der gleiche Hundertsatz des entsprechenden pensionsfähigen Diensteinkommens.

[41]) Neufassung: Fußnote 31 e zu Art. 52.

[42]) Eingefügt durch Art. 20 Ziff. 3 PEG.

Pflege nicht bestehen kann, so ist für die Dauer dieser Hilflosigkeit der Ruhegehalt bis zum vollen Betrage des Diensteinkommens zu erhöhen.

Solange der Verletzte aus Anlaß des Unfalls tatsächlich und unverschuldet arbeitslos ist, kann in den Fällen des Abs. 2 Ziff. 2 der Ruhegehalt bis zum vollen Betrage des Abs. 1 vorübergehend erhöht werden.

Steht dem Verletzten nach den allgemeinen Vorschriften (Artikel 52 ff.) ein höherer Betrag zu, so erhält er diesen.

Dem Verletzten sind außerdem die Kosten des Heilverfahrens (§ 9 Abs. 1 Ziff. 1 des Gewerbeunfallversicherungsgesetzes) zu ersetzen.[42a])

Artikel 90. Die Hinterbliebenen solcher in dem Artikel 89 bezeichneten Personen, die infolge eines im Dienste erlittenen Betriebsunfalls gestorben sind, erhalten:

1. als Sterbegeld, sofern ihnen nicht nach dem Artikel 72 Anspruch auf Sterbegehalt zusteht, den Betrag des einmonatigen Diensteinkommens oder des einmonatigen Ruhegehalts des Verstorbenen.[43])
2. eine Rente. Diese beträgt jährlich:
   a) für die Witwe bis zu ihrem Tode oder ihrer Wiederverheiratung, ebenso für jedes Kind bis zum Ablauf des Monats, in dem es das einundzwanzigste Lebensjahr vollendet, oder bis zur etwaigen früheren Verheiratung zwanzig vom Hundert des jährlichen Diensteinkommens des Verstorbenen, jedoch für die Witwe nicht unter zweihundertsechzehn Goldmark und nicht mehr als zweitausendeinhundertsechzig Goldmark und für jedes Kind nicht unter einhundertsechsundzwanzig Goldmark und nicht mehr als fünfhundertvierzig Goldmark;[43])
   b) für Verwandte der aufsteigenden Linie, wenn ihr Lebensunterhalt ganz oder überwiegend durch den Verstorbenen bestritten worden war, bis zum Wegfalle der Bedürftigkeit insgesamt zwanzig vom Hundert des Diensteinkommens des Verstorbenen, jedoch nicht unter einhundertsechsundzwanzig Goldmark[43]) und nicht mehr als fünfhundertvierzig Goldmark;[43]) sind mehrere Berechtigte dieser Art vorhanden, so wird die Rente den Eltern vor den Großeltern gewährt;
   c) für elternlose Enkel, falls ihr Lebensunterhalt ganz oder überwiegend durch den Verstorbenen bestritten worden war, im Falle der Bedürftigkeit bis zum Ablaufe des Monats, in dem sie das achtzehnte Lebensjahr vollenden oder bis zur etwaigen früheren Verheiratung insgesamt zwanzig vom Hundert des Diensteinkommens des Verstorbenen, jedoch nicht unter einhundertsechsundzwanzig Goldmark[43]) und nicht mehr als fünfhundertvierzig Goldmark.[43])

Die Renten dürfen zusammen sechzig vom Hundert des Diensteinkommens nicht übersteigen. Ergibt sich ein höherer Betrag, so haben die Verwandten der aufsteigenden Linie nur soweit einen Anspruch, als durch die Renten der Witwe und der Kinder der Höchstbetrag der Renten nicht erreicht wird, die Enkel nur soweit, als der Höchstbetrag der Renten nicht für Ehegatten, Kinder oder Verwandte der aufsteigenden Linie in Anspruch genommen wird. Soweit die Renten der Witwe und der Kinder den zulässigen Höchstbetrag überschreiten, werden die einzelnen Renten in gleichem Verhältnisse gekürzt. Beim Ausscheiden eines Berechtigten erhöht sich die Rente der verbleibenden Berechtigten von dem nächstfolgenden Monat an soweit, als sie sich noch nicht im vollen Genusse der ihnen nach vorstehenden Vorschriften gebührenden Beträge befinden.

Steht nach den allgemeinen Vorschriften (Artikel 73 ff.) einem der Hinterbliebenen ein höherer Betrag zu, so erhält er diesen.

Der Anspruch der Witwe ist ausgeschlossen, wenn die Ehe erst nach dem

---

[42a]) Jetzt § 558 Reichsversicherungsordnung.

[43]) Neufassung nach Art. 2 des Gesetzes zur siebenten Abänderung des Beamtenbesoldungsgesetzes vom 9. Januar 1923 (GVBl. S. 7) und Art. 3 des Gesetzes zur neunten Abänderung des Beamtenbesoldungsgesetzes usw. vom 29. Februar 1924 (GVBl. S. 117).

Unfalle geschlossen worden ist. Bei inmitte liegenden besonderen Verhältnissen kann jedoch auch in diesem Falle eine Witwenrente gewährt werden.

Im Falle der Wiederverheiratung kann der Witwe auf Ansuchen eine einmalige Beihilfe bis zum fünffachen Jahresbetrage der Witwenrente (Abs. 1 Ziff. 2 a) gewährt werden.

Artikel 91. Die Fürsorge erstreckt sich auf die Folgen von Unfällen bei häuslichen und anderen Diensten, zu denen die in dem Artikel 89 bezeichneten Personen neben der Beschäftigung im Betriebe von ihren Vorgesetzten herangezogen werden.

Artikel 92. Bei der Festsetzung der nach den Artikeln 89 bis 91 zu gewährenden Bezüge wird der Berechnung des Diensteinkommens das gesamte von dem Beamten zuletzt bezogene dienstliche Einkommen[44]) nach Maßgabe der folgenden Vorschriften zugrunde gelegt:

1. Feststehende Nebenbezüge werden mit ihrem vollen Betrag eingerechnet, soweit nicht in den Etats eine anderweitige Bestimmung getroffen ist. Freie Dienstwohnungen kommen mit ihrem festgesetzten Werte zur Anrechnung. Der Ortszuschlag wird mit dem pensionsfähigen Satz eingerechnet. In den Fällen des Art. 27 des Beamtenbesoldungsgesetzes wird der pensionsfähige Satz des Ortszuschlags im gleichen Verhältnisse gekürzt wie der Ortszuschlag.[45])
2. Einkommensbestandteile, die ihrer Natur nach steigend und fallend sind, wie Fahrgelder, Materialersparnisprämien, werden nur, soweit sie als pensionsfähig erklärt sind, zur Anrechnung gebracht, und zwar nach den in der Gehaltsordnung[46]), in den Etats oder sonst bei Verleihung des Anspruchs auf diese Bezüge deshalb getroffenen Festsetzungen oder in Ermanglung solcher Festsetzungen nach ihrem durchschnittlichen Betrage während der drei letzten Rechnungsjahre vor dem Rechnungsjahr, in dem der Ruhegehalt oder die Rente festgesetzt wird. Stand der Verunglückte noch nicht während dreier voller Rechnungsjahre im Genusse der angeführten Einkommensbestandteile, so ist der dreijährige Durchschnitt der von einem anderen, in der gleichen Dienstgruppe im regelmäßigen Dienste verwendeten Beamten bezogenen Einkommensbestandteile zugrunde zu legen. War der Verunglückte im letzten Rechnungsjahre längere Zeit durch den Unfall dienstunfähig, so ist der Durchschnittsbetrag anzunehmen, der sich ergeben würde, wenn der Verunglückte auch während der Zeit der Dienstunfähigkeit regelmäßig Dienst geleistet hätte.
3. Kinder- und Teuerungszuschläge, sowie die zur Bestreitung von Dienstaufwands- und Repräsentationskosten bestimmten Einkünfte und die Ortszulagen der Auslandsbeamten kommen nicht zur Anrechnung. Die Kinder- und Teuerungszuschläge zählen dagegen zum Diensteinkommen im Sinne des Art. 90 Abs. I Ziff. 1.[47])
4. Bloß zufällige Diensteinkünfte, wie Tagegelder für Dienstreisen, widerrufliche Gewinnanteile, außerordentliche Remunerationen, kommen gleichfalls nicht zur Anrechnung.

Artikel 93. Erreicht das jährliche Diensteinkommen nicht den dreihundertfachen Betrag des für den Beschäftigungsort festgesetzten ortsüblichen Taglohns gewöhnlicher erwachsener Tagarbeiter (§§ 149—152 Reichsversicherungsordnung),[48]) so ist dieser Betrag der Berechnung zugrunde zu legen.

Bleibt der nach Abs. 1 zugrunde zu legende Betrag hinter dem Jahresarbeitsverdienste zurück, den während des letzten Jahres vor dem Unfalle Personen bezogen haben, die mit Arbeiten derselben Art in demselben Betrieb oder

---

[44]) Vergl. Fußnote 14 zu Art. 8.

[45]) Eingefügt durch Art. 20 Ziffer 5 PEG.; geändert durch Art. 2 des Gesetzes zur siebenten Abänderung des Beamtenbesoldungsgesetzes vom 9. Januar 1923 (GVBl. S. 7).

[46]) Vergl. Fußnote 4 zu Art. 1.

[47]) Neufassung nach Art. 47 BBesG. n. F.

[48]) Neufassung nach Art. 20 Ziffer 6 PEG.

in benachbarten gleichartigen Betrieben beschäftigt waren, so ist dieser Jahresarbeitsverdienst der Berechnung der Rente zugrunde zu legen.

Die Bestimmungen der Reichsversicherungsordnung, wonach bei Bemessung der Unfallrente der Jahresarbeitsverdienst nur zu einem Teile angerechnet wird, finden entsprechende Anwendung.[48a])

Bleibt bei den Beamten im Sinne des Artikel 89, die nicht mit Pensionsberechtigung angestellt sind, die nach vorstehenden Vorschriften der Berechnung zugrunde zu legende Summe unter dem niedrigsten Diensteinkommen derjenigen Stellen, in denen solche Beamte nach den bestehenden Grundsätzen zuerst mit Pensionsberechtigung angestellt werden können, so ist der letztere Betrag der Berechnung zu Grunde zu legen.

Artikel 94. Ist das der Berechnung der Hinterbliebenenrente zu Grunde zu legende Diensteinkommen infolge eines früher erlittenen, nach den reichsgesetzlichen Vorschriften über Unfallversicherung oder nach den Vorschriften über Unfallfürsorge entschädigten Unfalls geringer als der vor diesem Unfalle bezogene Lohn oder das vor diesem Unfalle bezogene Diensteinkommen, so ist die aus Anlaß des früheren Unfalls bei Lebzeiten bezogene Rente oder der aus diesem Anlasse bezogene Ruhegehalt dem Diensteinkommen bis zur Höhe des der früheren Entschädigung zu Grunde gelegten Jahresarbeitsverdienstes oder -Diensteinkommens hinzuzurechnen.

Artikel 95. Der Anspruch auf Ruhegehalt (Artikel 89) beginnt mit dem Wegfalle des Diensteinkommens, der Anspruch auf Hinterbliebenenrente (Artikel 90) mit dem Ablaufe der Zeit, für die der Sterbegehalt bezogen wurde, oder, soweit ein solcher nicht gewährt wird, mit dem Ablaufe der Zeit, für die nach dem Artikel 90 Abs. 1 Ziff. 1 das Diensteinkommen oder der Ruhegehalt weiter bezogen worden ist.

Der Anspruch auf Ruhegehalt (Artikel 89) erlischt mit dem Ablaufe des Monats, in dem der Beamte stirbt oder die der Bewilligung zu Grunde liegenden Voraussetzungen ihr Ende erreicht haben.

Der Anspruch auf Hinterbliebenenrente (Artikel 90) erlischt für jeden Berechtigten mit dem Ablaufe des Monats, in dem er sich verheiratet oder stirbt. Außerdem erlischt der Anspruch auf diese Renten:

1. für jedes Kind mit dem Ablaufe des Monats, in dem es das einundzwanzigste Lebensjahr vollendet;
2. für die Verwandten der aufsteigenden Linie und für die elternlosen Enkel mit dem Ablaufe des Monats, in dem die Voraussetzung der Bedürftigkeit in Wegfall gekommen ist oder die elternlosen Enkel das achtzehnte Lebensjahr vollendet haben.

Gehört der Verletzte auf Grund gesetzlicher oder statutarischer Verpflichtung einer Krankenkasse oder der Gemeinde-Krankenversicherung an, so wird bis zum Ablaufe der dreizehnten Woche nach dem Eintritte des Unfalls der Ruhegehalt und der Ersatz der Kosten des Heilverfahrens um den Betrag der von der Krankenkasse oder der Gemeinde-Krankenversicherung geleisteten Krankenunterstützung gekürzt. Der Anspruch auf das Sterbegeld und vom Beginne der vierzehnten Woche ab auch der Anspruch auf den Ruhegehalt sowie auf den Ersatz der Kosten des Heilverfahrens geht bis zum Betrage des von der Krankenkasse gezahlten Sterbegeldes oder bis zum Betrage der von ihr gewährten weiteren Krankenunterstützung auf die Krankenkasse über. Als Wert der freien ärztlichen Behandlung, der Arznei und der Heilmittel (§ 6 Abs. 1 Ziff. 1 des Krankenversicherungsgesetzes)[49]) gilt die Hälfte des gesetzlichen Mindestbetrags des Krankengeldes.

Artikel 96. Ein Anspruch auf die in den Artikeln 89 bis 91 bezeichneten Bezüge besteht nicht, wenn der Verletzte den Unfall vorsätzlich oder durch ein Verschulden herbeigeführt hat, wegen dessen auf Dienstentlassung oder auf Verlust des Titels und Ruhegehaltsanspruchs gegen ihn erkannt oder wegen dessen ihm die Fähigkeit zur Beschäftigung in einem öffentlichen Dienstzweig aberkannt

---

[48a]) Neufassung nach Art. 20 Ziff. 7 PEG.

[49]) Jetzt § 182 Ziff. 1 RVO.

worden ist. Die Verhängung der Dienstentlassung mit der Wirkung des Verlustes des Anspruchs auf Unfallfürsorge erfolgt auch hinsichtlich der widerruflichen Beamten nach den für die Dienstentlassung der unwiderruflichen Beamten maßgebenden Vorschriften (Artikel 118 ff.).

Der Anspruch kann, auch ohne daß ein Urteil der bezeichneten Art ergangen ist, ganz oder teilweise abgelehnt werden, falls das Verfahren wegen des Todes oder der Abwesenheit des Betreffenden oder aus einem anderen in seiner Person liegenden Grunde nicht durchgeführt werden kann.

Artikel 97. Ansprüche auf Grund der Artikel 89 bis 91 sind, soweit ihre Feststellung nicht von Amts wegen erfolgt, bei Vermeidung des Ausschlusses vor Ablauf von zwei Jahren nach dem Eintritte des Unfalls bei der dem Verletzten unmittelbar vorgesetzten Dienstbehörde anzumelden. Die Frist gilt auch dann als gewahrt, wenn die Anmeldung bei der für den Wohnort des Entschädigungsberechtigten zuständigen unteren Verwaltungsbehörde erfolgt ist. In solchem Falle ist die Anmeldung unverzüglich an die zuständige Behörde abzugeben und der Beteiligte davon zu benachrichtigen.

Nach Ablauf dieser Frist ist der Anmeldung nur dann eine Folge zu geben, wenn zugleich glaubhaft bescheinigt wird, daß eine den Anspruch begründende Folge des Unfalls erst später bemerkbar geworden oder daß der Berechtigte von der Verfolgung seines Anspruchs durch außerhalb seines Willens liegende Verhältnisse abgehalten worden ist, und wenn die Anmeldung innerhalb dreier Monate, nachdem eine Unfallfolge bemerkbar geworden oder das Hindernis für die Anmeldung weggefallen war, erfolgt ist.

Jeder Unfall, der von Amts wegen oder durch Anmeldung der Beteiligten einer vorgesetzten Dienstbehörde bekannt wird, ist sofort zu untersuchen. Den Beteiligten ist Gelegenheit zu geben, selbst oder durch Vertreter ihre Interessen bei der Untersuchung zu wahren.

Artikel 98. Soweit vorstehend nichts anderes bestimmt ist, finden auf die nach den Artikeln 89 bis 91 zu gewährenden Bezüge die für die Beteiligten geltenden allgemeinen Vorschriften über Ruhegehalte der Beamten (Artikel 52 ff.) und über die Fürsorge für die Witwen und Waisen (Artikel 73 ff.) Anwendung. Auf die Bezüge von Verwandten der aufsteigenden Linie und von Enkeln finden diese Vorschriften entsprechende Anwendung.

Die nach den Artikeln 89 bis 91 zu gewährenden Bezüge treten an die Stelle des Ruhegehalts und des Witwen- und Waisengeldes, die den Beteiligten auf Grund der Artikel 47 ff., 73 ff. zustehen, soweit nicht die letzteren Beträge die nach Maßgabe der Artikel 89 bis 91 zu gewährenden Bezüge übersteigen (Artikel 89 Abs. 5 und Artikel 90 Abs. 3).

Artikel 99. Die in den Artikeln 89, 90 bezeichneten Personen können, auch wenn sie einen Anspruch auf Ruhegehalt oder Rente nicht haben, wegen eines im Dienste erlittenen Betriebsunfalls gegen den bayerischen Staat weitere Ansprüche, als sie ihnen nach diesem Gesetze zustehen, nicht geltend machen.

Artikel 100. Die in den Artikeln 89, 90 bezeichneten Personen können, auch wenn sie einen Anspruch auf Ruhegehalt oder Rente nicht haben, wegen eines im Dienste erlittenen Betriebsunfalls aus bayerischen Landesgesetzen gegen die im § 10 des Reichs-Unfallfürsorgegesetzes vom 18. Juni 1901 aufgeführten Personen einen Anspruch auf Schadensersatz nur nach Maßgabe der §§ 10, 11 dieses Reichsgesetzes geltend machen.

Steht den in den Artikeln 89, 90 bezeichneten Personen wegen eines im Dienste erlittenen Betriebsunfalls auf Grund der Reichsgesetze oder der bayerischen Landesgesetze ein Schadensersatzanspruch gegen die im § 10 des Reichs-Unfallfürsorgegesetzes vom 18. Juni 1901 aufgeführten Personen zu, so geht dieser Anspruch in der Höhe der den Entschädigungsberechtigten auf Grund des gegenwärtigen Gesetzes vom Staate zu zahlenden Beträge auf den Staat über.

Ebenso gehen diejenigen Entschädigungsansprüche, die den in den Artikeln 89, 90 bezeichneten Personen wegen eines im Dienste erlittenen Betriebsunfalls auf Grund bayerischer Landesgesetze gegen andere als die im § 10 des Reichs-Unfallfürsorgegesetzes vom 18. Juni 1901 bezeichneten Personen zustehen, in der Höhe der den Entschädigungsberechtigten auf Grund des gegenwärtigen Gesetzes vom Staate zu zahlenden Beträge auf den Staat über.

B. Fürsorge bei Unfällen, die in einem der reichsgesetzlichen Unfallversicherung nicht unterliegenden Betrieb oder Dienstzweig eintreten.

Artikel 101. Die Vorschriften der Artikel 89 bis 100 dieses Gesetzes finden, unbeschadet der Vorschrift im § 5 des Reichshaftpflichtgesetzes vom 7. Juni 1871, auch Anwendung, wenn Beamte in Ausübung des Dienstes in einem reichsgesetzlich der Unfallversicherung nicht unterliegenden Betrieb oder Dienstzweig einen Unfall erleiden.

Ansprüche auf Ersatz des durch den Unfall verursachten Schadens, die dem Beamten oder seinen Hinterbliebenen gegen Dritte auf Grund gesetzlicher Vorschrift zustehen, gehen bis zur Höhe der ihnen nach dem gegenwärtigen Gesetze zukommenden Leistungen an den Staat über.

VII. Abschnitt.

Dienstaufsicht und Dienststrafrecht.

A. Dienstaufsicht.

Artikel 102. Die Vorschriften über die Qualifikation der Beamten werden von der Staatsregierung erlassen.

Auf Verlangen ist dem Beamten der wesentliche Inhalt der Einträge in seiner Qualifikationsliste bekanntzugeben. Gegen die Einträge ist Beschwerde zulässig.

Artikel 103. Jeder Vorgesetzte ist befugt, den ihm untergebenen Beamten mündlich oder schriftlich Ermahnungen oder Warnungen zu erteilen.

Wer als Vorgesetzter zu erachten ist, wird durch die Dienstvorschriften bestimmt.

Artikel 104. Die vorgesetzten Dienstbehörden sind befugt, einem Beamten für den Fall, daß er ein Amtsgeschäft nicht innerhalb einer bestimmten Frist erledigt, die Absendung eines Wartboten auf seine Kosten oder Zwangsstrafen anzudrohen, die für den gleichen Anlaß den Gesamtbetrag von 50 Reichsmark[50]) nicht übersteigen dürfen. Nach fruchtlosem Ablaufe der Frist kann die Androhung ohne weiteres verwirklicht werden.

Die vorgesetzten Dienstbehörden sind auch befugt, einem säumigen Beamten auf seine Kosten zur Erledigung rückständiger Amtsgeschäfte eine Geschäftsaushilfe beizugeben.

Die Zwangsstrafen werden den Wohlfahrtseinrichtungen für die Beamten zugewendet.

B. Dienststrafrecht für unwiderrufliche aktive Beamte.

1. Dienstvergehen und Dienststrafen.

Artikel 105. Ein Beamter, der die ihm obliegenden Pflichten schuldhaft verletzt, macht sich eines Dienstvergehens schuldig.

Artikel 106. Die Dienststrafen sind:

1. Ordnungsstrafen;
2. Disziplinarstrafen.

Artikel 107. Die Ordnungsstrafen sind:

1. Verweis;
2. Geldstrafe bis zum Betrage des einmonatigen Gehalts.

Der Höchstbetrag der Geldstrafe darf auch beim Zusammenflusse mehrerer Dienstvergehen nicht überschritten werden.

Die Geldstrafen werden den Wohlfahrtseinrichtungen für die Beamten zugewendet.

Artikel 108. Die Disziplinarstrafen sind:

---

[50]) Vgl. Art. 42 Abs. II BBesG. n. F., Art. 6 des Gesetzes zur neunten Abänderung des Beamtenbesoldungsgesetzes usw. vom 29. Februar 1924 (GVBl. S. 117) und § 1 der VO. vom 25. November 1925 (GVBl. S. 265).

1. Strafversetzung;
2. Dienstentlassung.

Artikel 109. Die Strafversetzung erfolgt entweder

1. durch Versetzung auf eine Amtsstelle mit dem gleichen Range und dem gleichen Gehalt[50]) oder
2. durch Versetzung auf eine Amtsstelle mit einem geringeren Range und einem geringeren Gehalte.[50])

Mit der Versetzung auf eine Amtsstelle mit dem gleichen Gehalte[51]) kann eine Geldstrafe verbunden werden, die den dritten Teil des zuletzt bezogenen Jahresgehalts[51]) nicht übersteigen darf.

Im Falle der Versetzung auf eine Amtsstelle mit einem geringeren Gehalt[50]) darf die Minderung des Gehalts[50]) den fünften Teil des zuletzt bezogenen Jahresgehalts[50]) nicht übersteigen.

Die Strafversetzung schließt den Anspruch auf Vergütung der Umzugskosten aus.

Artikel 110. Die Dienstentlassung hat den Verlust des Titels und der Dienstabzeichen sowie des Anspruchs auf Diensteinkommen[51]), Ruhegehalt und Hinterbliebenenversorgung von Rechts wegen zur Folge.

Lassen besondere Umstände eine mildere Beurteilung zu, so kann in dem Urteile des Disziplinargerichts ausgesprochen werden, daß dem Beamten vom Zeitpunkte seiner Entlassung an auf Lebenszeit oder auf bestimmte Zeit als Unterhaltsbeitrag ein Teil des Ruhegehalts zu gewähren sei, den er anzusprechen hätte, wenn er im Zeitpunkte der Entlassung in den Ruhestand versetzt würde. Auch kann bei gleicher Voraussetzung den Hinterbliebenen des aus dem Dienste entlassenen Beamten durch das Urteil des Disziplinargerichts der Anspruch auf Versorgung ganz oder teilweise, mit oder ohne Zeitbeschränkung vorbehalten werden.

Liegen berücksichtigungswerte Verhältnisse vor, so kann durch Königliche[52]) Entschließung dem aus dem Dienste entlassenen Beamten oder seiner Familie ausnahmsweise sofort oder später ein widerruflicher Unterhaltsbeitrag gewährt werden; der Unterhaltsbeitrag soll jedoch in der Regel die Hälfte des Betrags nicht übersteigen, der sich als Ruhegehalt berechnet hätte, wenn der Beamte im Zeitpunkte seiner Dienstentlassung in den Ruhestand versetzt worden wäre. Unter der gleichen Voraussetzung (Satz 1) kann durch Königliche[52]) Entschließung den Hinterbliebenen eines aus dem Staatsdienste entlassenen Beamten ausnahmsweise ein widerruflicher Unterhaltsbeitrag gewährt werden; dieser soll in der Regel die Hälfte der Beträge nicht übersteigen, die sie als Witwen- und Waisengeld zu beanspruchen hätten, wenn der Beamte im Zeitpunkte der Dienstentlassung gestorben wäre.

Artikel 111. Welche der in den Artikeln 106 bis 110 bestimmten Strafen anzuwenden sei, ist nach der größeren oder geringeren Erheblichkeit des Dienstvergehens mit besonderer Rücksicht auf die gesamte Führung des Beschuldigten zu ermessen.

Artikel 112. Hat ein Beamter während seines früheren Dienstverhältnisses als Richter, Notar oder als öffentlicher Beamter ein Dienstvergehen begangen, so unterliegt er auch hiewegen den Vorschriften dieses Gesetzes.

Wegen einer Handlung, die ein Beamter vor dem Eintritt in den Staatsdienst zu einer Zeit begangen hat, in der er weder Staatsbeamter noch öffentlicher Beamter war, ist ein Einschreiten im Dienststrafverfahren nur dann zulässig, wenn die Handlung die Strafversetzung oder Dienstentlassung begründet.

Artikel 113. Die Strafverfolgung von Dienstvergehen verjährt in fünf Jahren. Verstößt die Tat auch gegen ein Strafgesetz, so verjährt die Strafverfolgung des Dienstvergehens nicht, bevor die Strafverfolgung der Straftat verjährt ist.

Jede Handlung des Strafrichters oder des Disziplinarrichters oder des mit

---

[51]) Vergl. Fußnote 14 zu Art. 8.
[52]) Vergl. Fußnote 2 zu Art. 1.

der Führung der Voruntersuchung beauftragten Beamten oder des von diesem ersuchten Gerichts oder Beamten (Artikel 134 Abs. 2, 7), die wegen der begangenen Tat gegen den Täter gerichtet ist, unterbricht die Verjährung. Nach der Unterbrechung beginnt eine neue Verjährung.

Artikel 114. Das Dienststrafverfahren wird eingestellt, wenn der Beschuldigte unter Verzicht auf Titel und Dienstabzeichen sowie auf Diensteinkommen,[53]) Ruhegehalt und Hinterbliebenenversorgung um Entlassung aus dem Staatsdienste nachsucht, vorausgesetzt, daß er in Bezug auf seinen Dienst sich nicht in verschuldetem Rückstande befindet und über eine ihm anvertraute Verwaltung von öffentlichem Vermögen Rechenschaft abgelegt hat.

Artikel 115. Hat der Staatsanwalt in einem strafrechtlichen Verfahren die öffentliche Klage erhoben oder ist in einem militärgerichtlichen Verfahren die Anklage verfügt worden, so darf vor Beendigung dieses Verfahrens gegen den Beschuldigten wegen der nämlichen Tatsachen ein Dienststrafverfahren weder eingeleitet noch fortgesetzt werden.

Ist wegen Abwesenheit des Beschuldigten die vorläufige Einstellung des Strafverfahrens beschlossen, so kann von diesem Zeitpunkt an das Dienststrafverfahren eingeleitet oder fortgesetzt werden.

Artikel 116. Ist von den Strafgerichten auf Freisprechung erkannt, so findet wegen der Tatsachen, die in dem strafrechtlichen Verfahren Gegenstand der Aburteilung waren, ein Dienststrafverfahren nur noch insofern statt, als diese Tatsachen an sich und ohne ihre Beziehung zu dem gesetzlichen Tatbestande der strafbaren Handlung, auf die das Strafverfahren sich erstreckte, ein Dienstvergehen enthalten.

Die Freisprechung wegen Verjährung im strafrechtlichen Verfahren schließt die Einleitung oder Fortsetzung eines Dienststrafverfahrens nicht aus, solange die Strafverfolgung wegen Dienstvergehens noch nicht gemäß Art. 113 ausgeschlossen ist.

Ist in einem strafrechtlichen Verfahren eine Verurteilung erfolgt, die den Verlust des Amtes nicht zur Folge gehabt hat, so kann von diesem Zeitpunkt an das Dienststrafverfahren eingeleitet oder fortgesetzt werden.

2. Ordnungsstrafverfahren.

Artikel 117. Zur Verhängung der Ordnungsstrafen (Artikel 107) sind die vorgesetzten Behörden und Beamten zuständig.

Vor der Verhängung einer Ordnungsstrafe ist dem Beamten Gelegenheit zu geben, sich über die ihm zur Last gelegte Verletzung seiner Dienstpflicht zu äußern, sofern nicht die Ordnungsstrafe schon vorher für den Fall einer bestimmt bezeichneten Verfehlung angedroht war.

Die Verhängung der Ordnungsstrafe erfolgt unter Angabe der Gründe durch schriftliche Verfügung oder zu Protokoll.

Die näheren Vorschriften über die Zuständigkeit der Behörden und Beamten zur Verhängung von Ordnungsstrafen und über das Beschwerdeverfahren werden von der Staatsregierung erlassen.

3. Disziplinarverfahren.

Artikel 118. Zur Verhängung der Disziplinarstrafen sind die Disziplinargerichte zuständig. Für Dienstvergehen wegen Zuwiderhandlung gegen die Vorschrift des Artikel 16 sind sie auch zuständig, wenn das Dienstvergehen eine Ordnungsstrafe begründet.

Artikel 119. Die Disziplinargerichte sind:

1. in erster Instanz die Disziplinarkammern;
2. in zweiter Instanz der Disziplinarhof.

Die Disziplinarkammern führen die Bezeichnung „Disziplinarkammer für nichtrichterliche Beamte", der Disziplinarhof die Bezeichnung „Disziplinarhof für nichtrichterliche Beamte".

---

[53]) Vergl. Fußnote 14 zu Art. 8.

Artikel 120.[54]) Am Sitze jedes Oberlandesgerichts wird eine Disziplinarkammer errichtet.

Die Disziplinarkammer besteht aus einem Präsidenten, den Mitgliedern und stellvertretenden Mitgliedern der bei demselben Oberlandesgerichte gebildeten Disziplinarkammer für richterliche Beamte, ferner nach näherer Anordnung der Staatsregierung aus je zwei bis sechzehn unwiderruflichen Beamten aus dem Geschäftskreise jedes Ministeriums und sechs unwiderruflichen Volksschullehrern sowie der erforderlichen Anzahl von Stellvertretern.

Diese unwiderruflichen Beamten und Volksschullehrer und ihre Stellvertreter werden von den amtlichen Berufsvertretungen der Beamten und Volksschullehrer auf Grund einer Wahl vorgeschlagen und von den zuständigen Staatsministerien auf die Dauer der Wahlzeiten der Berufsvertretungen ernannt. Die Staatsregierung erläßt die näheren Vorschriften über die Zahl der Vorzuschlagenden, über das Wahlverfahren und über die Aufwandsentschädigungen für die Beisitzer.

Präsident der Disziplinarkammer ist der Präsident des Oberlandesgerichts. Im Verhinderungsfalle wird dieser durch den Senatspräsidenten und, wenn mehrere Senatspräsidenten vorhanden sind, durch den dienstältesten, bei gleichem Dienstalter durch den der Geburt nach ältesten Senatspräsidenten des Oberlandesgerichts vertreten.

Artikel 121. Die Disziplinarkammer entscheidet mit Einschluß des Präsidenten in der Besetzung von fünf Mitgliedern.

Bei der Entscheidung müssen außer dem Präsidenten zwei Mitglieder oder stellvertretende Mitglieder der Disziplinarkammer für richterliche Beamte mitwirken; die beiden anderen Mitglieder werden dem Geschäftskreise des Ministeriums entnommen, dem der beschuldigte Beamte untersteht, und, wenn sich das Verfahren gegen Beamte aus dem Geschäftskreise mehrerer Ministerien richtet, dem Geschäftskreise dieser Ministerien.

Die Zusammensetzung der Disziplinarkammer erfolgt durch den Präsidenten.

Artikel 122. Zuständig im einzelnen Falle ist die Disziplinarkammer, in deren Bezirk der Beschuldigte zur Zeit der Einleitung des Disziplinarverfahrens seinen Amtssitz hat, und, wenn dieser außerhalb Bayerns sich befindet, die Disziplinarkammer in München.

Meinungsverschiedenheiten über die Zuständigkeit verschiedener Disziplinarkammern entscheidet der Disziplinarhof.

Artikel 123. Der Disziplinarhof kann auf Antrag des Staatsanwalts oder des Beschuldigten die Verweisung der Sache an eine andere Disziplinarkammer beschließen, wenn Gründe vorliegen, welche die Unbefangenheit der zuständigen Disziplinarkammer zweifelhaft machen.

Artikel 124.[55]) Der Disziplinarhof hat seinen Sitz in München.

Er besteht aus einem Präsidenten, den Mitgliedern und stellvertretenden Mitgliedern des Disziplinarhofs für richterliche Beamte, ferner nach näherer Anordnung der Staatsregierung aus je drei bis sechzehn unwiderruflichen Beamten aus dem Geschäftskreise jedes Ministeriums und sechs unwiderruflichen Volksschullehrern sowie der erforderlichen Anzahl von Stellvertretern. Artikel 120 Abs. 3 gilt entsprechend.

Präsident des Disziplinarhofs ist der Präsident des Obersten Landesgerichts. Im Verhinderungsfalle wird dieser durch den dienstältesten Senatspräsidenten und bei gleichem Dienstalter durch den der Geburt nach ältesten Senatspräsidenten des Obersten Landesgerichts vertreten.

Artikel 125. Der Disziplinarhof entscheidet mit Einschluß des Präsidenten in der Besetzung von sieben Mitgliedern.

Bei jeder Entscheidung müssen außer dem Präsidenten drei Mitglieder oder stellvertretende Mitglieder des Disziplinarhofs für richterliche Beamte mitwirken;

---

[54]) [55]) Neufassung nach Art. 183 des Volksschullehrergesetzes v. 14. August 1919 (GVBl. S. 437).

die drei anderen Mitglieder werden dem Geschäftskreise des Ministeriums entnommen, dem der beschuldigte Beamte untersteht, und, wenn das Verfahren sich gegen Beamte aus dem Geschäftskreise mehrerer Ministerien richtet, dem Geschäftskreise dieser Ministerien.

Die Zusammensetzung des Disziplinarhofs erfolgt durch den Präsidenten.

Artikel 126. Die Verrichtungen der Staatsanwaltschaft bei der Disziplinarkammer obliegen dem Oberstaatsanwalte bei dem Oberlandesgerichte.

Bei dem Disziplinarhofe besorgt der Generalstaatsanwalt bei dem Obersten Landesgerichte die Geschäfte der Staatsanwaltschaft.

Den Dienst des Gerichtsschreibers bei den Disziplinargerichten versehen die Gerichtsschreiber der betreffenden Gerichtshöfe.

Der Oberstaatsanwalt und der Generalstaatsanwalt haben den Weisungen des Ministeriums und den Anregungen der Stelle, welche die Einleitung des Verfahrens veranlaßt haben, Rechnung zu tragen.

Artikel 127. Eine besondere Verpflichtung der Mitglieder der Disziplinarkammern und des Disziplinarhofs auf die Erfüllung ihrer Obliegenheiten findet nicht statt.

Artikel 128. Hinsichtlich der Ausschließung und Ablehnung von Mitgliedern der Disziplinarkammern und des Disziplinarhofs finden die Vorschriften der Reichs-Strafprozeßordnung über die Ausschließung und Ablehnung von Gerichtspersonen mit Ausnahme des § 23 Abs. 3 dieses Gesetzes entsprechende Anwendung.

Über die Ausschließung oder Ablehnung entscheidet das Disziplinargericht, dem das Mitglied angehört.

Wird die Disziplinarkammer durch Ausscheiden der abgelehnten Mitglieder beschlußunfähig, so entscheidet der Disziplinarhof und verweist erforderlichenfalls die Aburteilung der Sache an eine andere Disziplinarkammer.

Ablehnungsgesuche wegen Besorgnis der Befangenheit sind bei Vermeidung des Ausschlusses spätestens vor Beginn der Hauptverhandlung bei dem Disziplinargericht anzubringen, dem die abzulehnenden Mitglieder angehören.

Gegen den auf ein Ablehnungsgesuch erlassenen Beschluß des Disziplinargerichts findet ein Rechtsmittel nicht statt.

Artikel 129. Das Disziplinarverfahren ist auf Antrag des zuständigen Ministeriums oder der von diesem ermächtigten Stelle durch Verfügung des Präsidenten der Disziplinarkammer einzuleiten.

Ist Gefahr auf Verzug, so können auch vor der Einleitung des Disziplinarverfahrens von den dem Beschuldigten vorgesetzten Behörden und Beamten Untersuchungshandlungen zur Sicherung des Beweises vorgenommen werden. Zu diesen Untersuchungshandlungen ist ein beeidigter Protokollführer beizuziehen. In dringenden Fällen kann der Beamte eine andere geeignete Persönlichkeit als Protokollführer beiziehen und beeidigen.

Artikel 130. Die Vorschriften der Reichs-Strafprozeßordnung über den Fristenlauf und über die Wiedereinsetzung in den vorigen Stand gegen Ablauf von Fristen (§§ 42 bis 47) finden auf das Disziplinarverfahren entsprechende Anwendung.

Artikel 131. Zeugen und Sachverständige werden, soweit nicht durch die in Abs. 2 bezeichneten Vorschriften Ausnahmen begründet sind, eidlich vernommen.

Die Vorschriften der Reichs-Strafprozeßordnung über die Verpflichtung, vor Gericht zu erscheinen und sich als Zeuge oder Sachverständiger vernehmen zu lassen, über die Folgen des Nichterscheinens und der Verweigerung des Zeugnisses oder der Eidesleistung sowie über die Zulässigkeit der Beeidigung und der Berufung auf einen früher geleisteten Eid, ferner die Vorschriften der Reichs-Strafprozeßordnuno und des Gesetzes zu ihrer Ausführung vom 18. August 1879 über die Form der Eidesleistung und über den Gebrauch gewisser Beteuerungsformeln an Stelle des Eides gelten auch für das Disziplinarverfahren.[56])

---

[56]) (Vergl. jetzt Art. 176 der Verfassung des Deutschen Reiches v. 11. August 1919 (RGBl. S. 1383).

Artikel 132. Die im Disziplinarverfahren an den Beschuldigten ergehenden schriftlichen Mitteilungen sollen unter Umschlag, der mit dem Dienstsiegel zu versehen ist, zugestellt werden.

Die Zustellung ist als gültig erfolgt anzusehen, wenn sie an die Person, an welche die Mitteilung gerichtet ist, nachweislich bewirkt wurde.

Wird der Beschuldigte nicht angetroffen, so kann die Zustellung in seiner Wohnung an einen zu der Familie gehörigen erwachsenen Hausgenossen oder an eine in der Familie dienende erwachsene Person oder, wenn solche Personen nicht angetroffen werden, an den in demselben Hause wohnenden Hauswirt oder Vermieter erfolgen, sofern diese zur Annahme des Schriftstücks bereit sind.

Ist die Zustellung nach diesen Bestimmungen nicht ausführbar, so kann sie an den Bürgermeister oder seinen Stellvertreter geschehen.

Ist der Aufenthalt des Beschuldigten unbekannt oder hält er sich außerhalb seines Amtssitzes im Ausland auf, so kann die Zustellung an seinem letzten Amtssitze bewirkt werden. Eine öffentliche Ladung ist unzulässig.

Hinsichtlich der Zustellungen an den Staatsanwalt finden die Vorschriften des § 41 der Reichs-Strafprozeßordnung Anwendung.

Die Staatsregierung ist ermächtigt, im übrigen die Formen der Zustellung durch Vollzugsvorschriften zu regeln.

Artikel 133. Alle im Disziplinarverfahren ergehenden Entscheidungen sind mit Gründen zu versehen.

Artikel 134. Nach der Einleitung des Disziplinarverfahrens hat eine Voruntersuchung stattzufinden.

Der Beamte, durch den die Voruntersuchung zu führen ist, wird durch den Präsidenten bestimmt. Mit der Führung der Voruntersuchung ist ein Beamter aus dem Geschäftskreise des Ministeriums zu beauftragen, dem der Beschuldigte untersteht. Über die Wahl des Beamten hat sich der Präsident mit dem zuständigen Ministerium oder mit der Stelle, welche die Einleitung des Verfahrens beantragt hat, zu benehmen.

Die Voruntersuchung hat den Zweck, den Sachverhalt zu ermitteln und die erforderlichen Beweise zu erheben.

Der Beschuldigte wird unter Mitteilung der Anschuldigungspunkte vorgeladen und, wenn er erscheint, in Abwesenheit des Staatsanwalts mit seinen Erklärungen und Anträgen gehört. Die Verhaftung, vorläufige Festnahme oder Vorführung des Beschuldigten ist unzulässig.

Den Vernehmungen der Zeugen oder Sachverständigen darf weder der Staatsanwalt noch der Beschuldigte beiwohnen. Ausnahmsweise ist ihnen die Anwesenheit zu gestatten, wenn ein Zeuge oder Sachverständiger vernommen wird, der voraussichtlich am Erscheinen in der Hauptverhandlung verhindert oder dessen Erscheinen wegen großer Entfernung besonders erschwert sein wird.

Ist zu befürchten, daß der Zeuge in Gegenwart des Beschuldigten die Wahrheit nicht sagen werde, so kann der Beschuldigte von der Anwesenheit bei der Verhandlung ausgeschlossen werden.

Ist die Vernehmung eines Zeugen oder Sachverständigen wegen großer Entfernung erschwert, so kann der die Voruntersuchung führende Beamte das Amtsgericht, in dessen Bezirk der Zeuge oder Sachverständige sich aufhält, oder mit Zustimmung des Vorsitzenden der Disziplinarkammer auch einen anderen Beamten um die Vernehmung ersuchen.

Artikel 135. Über jede Untersuchungshandlung ist ein Protokoll unter Beobachtung der im § 186 der Reichs-Strafprozeßordnung enthaltenen Vorschriften aufzunehmen. Hierzu ist ein beeidigter Protokollführer beizuziehen. In dringenden Fällen kann der die Voruntersuchung führende Beamte eine andere geeignete Persönlichkeit als Protokollführer beiziehen und beeidigen.

Artikel 136. Der Staatsanwalt kann stets, ohne daß jedoch das Verfahren dadurch aufgehalten werden darf, von dem Stande der Voruntersuchung durch Einsicht der Akten Kenntnis nehmen und Anträge stellen.

Vor dem Schlusse der Voruntersuchung ist dem Beschuldigten das Ergebnis mitzuteilen und ihm nochmals Gelegenheit zu seiner Verteidigung zu geben.

Auch im Laufe der Voruntersuchung soll dem Beschuldigten, soweit es ohne Gefährdung des Untersuchungszwecks geschehen kann, im Interesse seiner Verteidigung von wichtigen oder neuen Beweisergebnissen Mitteilung gemacht werden.

Artikel 137. Erachtet der die Voruntersuchung führende Beamte die Untersuchung für geschlossen, so übermittelt er die Akten dem Staatsanwalte.

Beantragt der Staatsanwalt eine Ergänzung der Voruntersuchung, so hat der die Voruntersuchung führende Beamte, wenn er dem Antrage nicht stattgeben will, die Entscheidung des Präsidenten der Disziplinarkammer einzuholen.

Auf Grund des Ergebnisses der Voruntersuchung stellt der Staatsanwalt seine Anträge an die Disziplinarkammer.

Beantragt der Staatsanwalt die Verweisung der Sache zur Hauptverhandlung, so hat er eine Anschuldigungsschrift zu fertigen, in welche die wesentlichen Ergebnisse der Ermittlungen aufzunehmen sind. Diese Anschuldigungsschrift ist dem Beschuldigten zur Erklärung binnen einer von dem Präsidenten zu bestimmenden Frist mitzuteilen.

Die Disziplinarkammer kann eine Ergänzung der Voruntersuchung anordnen.

Artikel 138. Liegt nach dem Ergebnisse der Voruntersuchung ein Dienstvergehen nicht vor, so hat die Disziplinarkammer den Beschuldigten außer Verfolgung zu setzen.

Liegt ein Dienstvergehen vor, ist aber die Verurteilung zur Strafversetzung oder Dienstentlassung nicht zu erwarten, so hat, unbeschadet der Vorschrift des Artikels 118 Satz 2, die Disziplinarkammer das Verfahren einzustellen. In diesem Falle kann die zuständige Behörde eine Ordnungsstrafe verhängen.

Steht dem weiteren Verfahren der Umstand entgegen, daß der Beschuldigte nach der Tat in Geisteskrankheit verfallen ist, so kann die vorläufige Einstellung des Verfahrens beschlossen werden.

In den Fällen der Abs. 1, 2 ist dem Beschuldigten eine Ausfertigung des Beschlusses der Disziplinarkammer zu erteilen.

Artikel 139. Ist der Beschuldigte nach dem Ergebnisse der Voruntersuchung eines Dienstvergehens hinreichend verdächtig, das die Strafversetzung oder Dienstentlassung begründet, so verweist die Disziplinarkammer die Sache zur Hauptverhandlung.

Auf die Abfassung des Beschlusses findet § 205 Abs. 1 der Reichs-Strafprozeßordnung entsprechende Anwendung.

Artikel 140. Gegen die Beschlüsse nach Artikel 138 Abs. 1, 2 steht dem Staatsanwalte die Beschwerde an den Disziplinarhof zu.

Artikel 141. In den Fällen des Artikel 138 Abs. 1, 2 kann das Disziplinarverfahren nur auf Grund neuer Tatsachen oder Beweismittel wieder aufgenommen werden. Die Wiederaufnahme erfolgt auf Antrag des zuständigen Ministeriums oder der von diesem ermächtigten Stelle durch Beschluß der Disziplinarkammer.

Wurde im Falle des Artikel 138 Abs. 2 eine Ordnungsstrafe verhängt, so ist die Wiederaufnahme des eingestellten Verfahrens ausgeschlossen.

Artikel 142. Beschließt die Disziplinarkammer die Verweisung der Sache zur Hauptverhandlung, so hat der Präsident Termin anzuberaumen und die erforderlichen Ladungen und sonst nötigen Vorbereitungen zu bewirken.

Der Beschuldigte ist unter abschriftlicher Mitteilung des Beschlusses über die Verweisung der Sache zur Hauptverhandlung (des Verweisungsbeschlusses) mit der Warnung zu laden, daß die Verhandlung im Falle seines Ausbleibens gleichwohl stattfinden werde.

Zwischen der Zustellung der Ladung und dem Tage der Hauptverhandlung muß eine Frist von mindestens einer Woche liegen. Ist diese Frist nicht eingehalten worden, so kann der Beschuldigte die Aussetzung der Verhandlung verlangen, solange nicht in der Sitzung mit der Verlesung des Verweisungsbeschlusses begonnen ist.

Die Zeugen oder Sachverständigen werden von Amts wegen geladen, soweit der Präsident der Disziplinarkammer diese Ladung nach dem Ergebnisse der Voruntersuchung für nötig erachtet. Anträge des Staatsanwalts und des Beschuldigten auf Vorladung von Zeugen oder Sachverständigen werden, unbeschadet der etwaigen Erneuerung bei der Hauptverhandlung von dem Präsidenten beschieden.

Die ergehenden Verfügungen sind den Beteiligten bekannt zu geben.

Lehnt der Präsident den Antrag auf Ladung einer Person ab, so kann sie der Beschuldigte unmittelbar laden lassen. Der Beschuldigte hat dies dem Präsidenten gleichzeitig anzuzeigen. Eine unmittelbar geladene Person ist nur dann zum Erscheinen verpflichtet, wenn ihr bei der Ladung die gesetzliche Entschädigung für Reisekosten und Zeitversäumnis bar dargeboten oder ihre Hinterlegung bei dem Gerichtsschreiber nachgewiesen wird.

Der Beschuldigte kann sich des Beistandes eines Rechtsanwalts als Verteidiger bedienen. Diesem ist die Einsicht der Akten zu gestatten.

Artikel 143. Die Hauptverhandlung findet statt, auch wenn der Beschuldigte nicht erschienen ist.

Er kann sich durch einen Rechtsanwalt vertreten lassen. Der Disziplinarkammer steht es jedoch frei, das persönliche Erscheinen des Beschuldigten unter der Warnung anzuordnen, daß bei seinem Ausbleiben ein Verteidiger zu seiner Vertretung nicht würde zugelassen werden.

Die Verhandlung ist nicht öffentlich. Das Ministerium oder die von ihm ermächtigte Stelle ist befugt, einen Beamten in die Verhandlung abzuordnen. Auf Antrag des Beschuldigten können einzelne Personen nach dem Ermessen des Vorsitzenden als Zuhörer zugelassen werden.

Hinsichtlich der Handhabung der Sitzungspolizei finden die Vorschriften des Reichs-Gerichtsverfassungsgesetzes entsprechende Anwendung.

Artikel 144. Bei der Hauptverhandlung wird der Verweisungsbeschluß verlesen.

Hierauf wird der Beschuldigte vernommen. Gesteht er die den Gegenstand der Anschuldigung bildenden Tatsachen ein und walten gegen die Glaubwürdigkeit seines Geständnisses keine Bedenken ob, so beschließt die Disziplinarkammer, daß eine Beweiserhebung nicht stattfinde.

Andernfalls gibt ein von dem Präsidenten der Disziplinarkammer aus der Zahl ihrer Mitglieder ernannter Berichterstatter auf Grund der bisherigen Erhebungen eine Darstellung der Beweisaufnahmen, soweit sie sich auf die in dem Verweisungsbeschlusse enthaltenen Anschuldigungspunkte bezieht und nicht durch unmittelbare Beweiserhebung in der Sitzung (Artikel 145, 146) ersetzt wird.

Urkunden und andere als Beweismittel dienende Schriftstücke sind zu verlesen, ebenso die Protokolle über die Aussagen der vernommenen Zeugen und die Gutachten der Sachverständigen, sofern diese Personen nicht bei der Hauptverhandlung vernommen werden. Die Vorlesung der Aussage eines vor der Hauptverhandlung vernommenen Zeugen, der erst in der Hauptverhandlung von seinem Rechte, das Zeugnis zu verweigern, Gebrauch macht, hat zu unterbleiben.

Zum Schlusse wird der Staatsanwalt mit seinem Antrag und der Beschuldigte mit seiner Verteidigung gehört. Dem Beschuldigten gebührt das letzte Wort.

Artikel 145. Erachtet die Disziplinarkammer im Laufe der Hauptverhandlung auf Antrag des Beschuldigten, des Staatsanwalts oder von Amts wegen die Vernehmung von Zeugen oder Sachverständigen, sei es vor der Disziplinarkammer oder durch einen beauftragten Beamten, oder die Herbeischaffung anderer Beweismittel für angemessen, so erläßt sie den erforderlichen Beschluß und verlegt nötigenfalls die Fortsetzung der Verhandlung auf einen anderen Tag, der bekannt zu geben ist.

Artikel 146. Die Zeugen und Sachverständigen müssen auf Antrag des Staatsanwalts oder des Beschuldigten in der Hauptverhandlung vernommen werden, wenn die Tatsachen erheblich sind, über die sie vernommen werden sollen, und die Disziplinarkammer diese Vernehmung zur näheren Aufklärung der Sache für erforderlich erachtet.

Artikel 147. Stehen dem Erscheinen eines Zeugen oder Sachverständigen Krankheit oder andere unabweisbare Hindernisse entgegen oder ist ihr Erscheinen wegen großer Entfernung besonders erschwert, so ist von der Disziplinarkammer ihre Vernehmung durch einen beauftragten oder ersuchten Beamten anzuordnen.

Von dem zum Zwecke dieser Vernehmung anberaumten Termine sind der Staatsanwalt, der Beschuldigte und sein Verteidiger vorher zu benachrichtigen; ihrer Anwesenheit bei der Vernehmung bedarf es nicht.

Artikel 148. Auf Grund des Ergebnisses der Beweisaufnahme entscheidet die Disziplinarkammer nach ihrer freien, aus dem Inbegriffe der Verhandlung geschöpften Überzeugung und erkennt auf Freisprechung oder Verurteilung.

Findet die Disziplinarkammer auf Grund des Ergebnisses der Beweisaufnahme, daß nur eine Ordnungsstrafe zu verhängen sei, so hat sie sofort selbst auf die Ordnungsstrafe zu erkennen.

Die Verurteilung des Beschuldigten in eine Dienststrafe kann nur wegen der Tat erfolgen, die in dem Verweisungsbeschlusse bezeichnet ist.

Zu jeder dem Beschuldigten nachteiligen Entscheidung, welche die Schuldfrage oder die Verurteilung zur Strafe der Dienstentlassung betrifft, ist eine Mehrheit von zwei Dritteln der Stimmen erforderlich.

Die Verkündung des Urteils erfolgt am Schlusse der Verhandlung oder spätestens innerhalb der darauffolgenden vierzehn Tage durch Verlesung der Urteilsformel und Eröffnung der Urteilsgründe. Die Eröffnung der Urteilsgründe geschieht durch Verlesung oder durch mündliche Mitteilung ihres wesentlichen Inhalts. War die Verkündung des Urteils ausgesetzt, so sind die Urteilsgründe vor derselben schriftlich festzusetzen. Dem Beschuldigten ist eine Ausfertigung des Urteils zu erteilen.

Im übrigen finden hinsichtlich der Beratung und Abstimmung die Vorschriften der §§ 194 bis 199 des Reichs-Gerichtsverfassungsgesetzes und hinsichtlich der Beurkundung der Urteile und der Erteilung von Ausfertigungen und Auszügen die Vorschriften des § 275 Abs. 2 bis 4 der Reichs-Strafprozeßordnung entsprechende Anwendung. Die Reihenfolge bei der Abstimmung richtet sich nach dem Lebensalter.[57])

Artikel 149. Über die Hauptverhandlung wird ein Protokoll aufgenommen, das den Ort und den Tag der Verhandlung, die Namen der mitwirkenden Mitglieder des Disziplinargerichts, des Staatsanwalts und des Gerichtsschreibers, dann des Beschuldigten und seines Verteidigers sowie das Wesentliche über den Gang und über das Ergebnis der Verhandlung enthalten und die verlesenen Schriftstücke bezeichnen muß.

In das Protokoll sind ferner die im Laufe der Verhandlung gestellten Anträge, die ergangenen Entscheidungen und die Urteilsformel aufzunehmen.

Kommt es auf die Feststellung eines Vorganges in der Hauptverhandlung oder des Wortlauts einer Aussage oder Äußerung an, so hat der Präsident die vollständige Niederschreibung und Verlesung anzuordnen. In dem Protokoll ist zu bemerken, daß die Verlesung geschehen und die Genehmigung erfolgt ist oder welche Einwendungen erhoben wurden.

Das Protokoll ist von dem Präsidenten und dem Gerichtsschreiber zu unterzeichnen. Ist der Präsident verhindert, so unterzeichnet für ihn das älteste beisitzende Mitglied.

Artikel 150. Ist weder der Beschuldigte noch ein Vertreter bei der Hauptverhandlung erschienen, so kann der Beschuldigte gegen das Urteil binnen einer Woche nach der Zustellung die Wiedereinsetzung in den vorigen Stand unter den gleichen Voraussetzungen wie gegen die Versäumung einer Frist nachsuchen.

Artikel 151. Der Antrag des Ministeriums oder der von diesem ermächtigten Stelle (Artikel 129) kann bis zur Verkündung des Urteils der Disziplinarkammer zurückgenommen werden. Nach dem Erlasse des Verweisungsbeschlusses ist eine Zurücknahme nur mit Zustimmung des Beschuldigten zulässig. Wird der Antrag zurückgenommen, so ist das Verfahren einzustellen.

---

[57]) Neufassung nach Art. 183 des Volksschullehrergesetzes v. 14. Aug. 1919 (GVBl. S. 437).

Artikel 152. Gegen das Urteil der Disziplinarkammer steht sowohl dem Staatsanwalt als dem Beschuldigten die Berufung an den Disziplinarhof offen.

Neue Tatsachen, welche die Grundlage einer anderen Beschuldigung bilden, dürfen in der Berufungsinstanz nicht vorgebracht werden.

Jede von dem Staatsanwalt eingelegte Berufung hat die Wirkung, daß das angefochtene Urteil auch zu Gunsten des Beschuldigten abgeändert oder aufgehoben werden kann.

War das Urteil nur von dem Beschuldigten oder zu seinen Gunsten von dem Staatsanwalt angefochten worden, so darf es nicht zum Nachteile des Beschuldigten abgeändert werden.

Die Zurücknahme einer zu Gunsten des Beschuldigten eingelegten Berufung ist nur mit seiner Zustimmung statthaft.

Artikel 153. Die Berufung muß bei der Disziplinarkammer, die das anzufechtende Urteil erlassen hat, schriftlich oder zu Protokoll des Gerichtsschreibers angemeldet werden. Für den Beschuldigten kann die Berufung auch durch einen mit schriftlicher Vollmacht versehenen Bevollmächtigten angemeldet werden.

Die Anmeldungsfrist beträgt zwei Wochen. Sie beginnt für den Staatsanwalt mit der Verkündung des Urteils, für den Beschuldigten mit dem Tage, an dem ihm die Ausfertigung des Urteils zugestellt worden ist.

Die Bestimmung des § 356 der Reichs-Strafprozeßordnung findet, falls ein Gesuch um Wiedereinsetzung in den vorigen Stand gestellt wird, entsprechende Anwendung.

Artikel 154. Durch rechtzeitige Einlegung der Berufung wird die Rechtskraft des Urteils, soweit es angefochten ist, gehemmt.

Artikel 155. Zur schriftlichen Rechtfertigung der Berufung steht demjenigen, der sie rechtzeitig angemeldet hat, eine Frist von zwei Wochen, vom Ablaufe der Anmeldungsfrist gerechnet, offen.

Die Berufung kann auf bestimmte Beschwerdepunkte beschränkt werden. Ist dies nicht geschehen oder ist eine Rechtfertigung überhaupt nicht erfolgt, so gilt der ganze Inhalt des Urteils als angefochten.

Artikel 156. Die Anmeldung der Berufung und die etwa eingegangene Rechtfertigungsschrift werden dem Gegner, und zwar dem Beschuldigten in Abschrift, dem Staatsanwalte nach Maßgabe des Artikel 132 Abs. 6 dieses Gesetzes, zugestellt.

Innerhalb zwei Wochen nach erfolgter Zustellung kann der Gegner eine Beantwortungsschrift einreichen.

Artikel 157. Die Fristen zur Rechtfertigung und Beantwortung der Berufung können auf Antrag von dem Präsidenten der Disziplinarkammer verlängert werden.

Artikel 158. Nach Ablauf der in den vorstehenden Artikeln bestimmten Fristen werden die Akten an den Disziplinarhof eingesendet.

Der Präsident des Disziplinarhofs kann die zur Aufklärung der Sache etwa erforderlichen Verfügungen erlassen. Sodann bestimmt er eine Sitzung zur Hauptverhandlung, zu welcher der Beschuldigte unter der in dem Artikel 142 Abs. 2 erwähnten Warnung vorzuladen und der Staatsanwalt zuzuziehen ist.

Hinsichtlich der Zustellung der Ladung an den Beschuldigten findet die Bestimmung des Artikel 142 Abs. 3 mit der Maßgabe Anwendung, daß der dort erwähnte Antrag auf Aussetzung der Verhandlung vor Beginn der im nachfolgenden Absatze bezeichneten Berichterstattung gestellt werden muß.

Bei der Hauptverhandlung gibt zunächst der von dem Präsidenten des Disziplinarhofs aus der Zahl seiner Mitglieder ernannte Berichterstatter eine Darstellung der bis dahin stattgefundenen auf die Anschuldigungspunkte bezüglichen Verhandlungen.

Zum Schlusse werden der Staatsanwalt und der Beschuldigte mit ihren Ausführungen und Anträgen, und zwar der Beschwerdeführer zuerst, gehört. Dem Beschuldigten gebührt das letzte Wort.

Der Prüfung des Disziplinarhofs unterliegt das Urteil nur, soweit es angefochten ist. Im übrigen wird nach Maßgabe der in dem Artikel 142 Abs. 4

bis 6, dem Artikel 143, dem Artikel 144 Abs. 2 bis 4, den Artikeln 145 bis 150 enthaltenen Vorschriften verfahren. [Für die Reihenfolge bei der Abstimmung bemißt sich das Dienstalter nach der Zeit der Ernennung zum Mitgliede des Disziplinarhofs.][58])

Artikel 159. Auf die Wiederaufnahme eines durch rechtskräftiges Urteil geschlossenen Verfahrens sind die Vorschriften des vierten Buches der Reichs-Strafprozeßordnung über die Wiederaufnahme des Verfahrens in den vor den Schöffengerichten verhandelten Sachen mit Ausnahme der Vorschriften des § 403, § 411 Abs. 4 entsprechend anzuwenden. Wird eine Beweisaufnahme angeordnet (§ 409), so ist sie nach den für die Voruntersuchung in Disziplinarsachen geltenden Vorschriften durchzuführen. Wird die Erneuerung der Hauptverhandlung angeordnet (§ 410 Abs. 2), so bemißt sich das weitere Verfahren nach den Vorschriften der Artikel 142 ff. des gegenwärtigen Gesetzes.

Artikel 160. Ein verurteilter Beamter, dessen Unschuld im Wiederaufnahmeverfahren festgestellt wird, kann Ersatz des ihm durch die Strafvollstreckung erwachsenen Vermögensschadens aus der Staatskasse beanspruchen.

Wird ein verurteilter Beamter im Wiederaufnahmeverfahren mit einer geringeren Strafe belegt, so kann das Disziplinargericht aussprechen, daß ihm der durch die Strafvollstreckung erwachsene Vermögensschaden ganz oder teilweise aus der Staatskasse ersetzt wird.

Im übrigen finden die Vorschriften des § 1 Abs. 2 bis 4, § 2 Abs. 2, § 3 Abs. 2, §§ 4, 5 des Reichsgesetzes vom 20. Mai 1898, betreffend die Entschädigung der im Wiederaufnahmeverfahren freigesprochenen Personen, entsprechende Anwendung. Der Antrag nach § 5 des Reichsgesetzes ist bei der von der Staatsregierung zu bestimmenden Behörde einzureichen. Über ihn entscheidet das zuständige Ministerium oder die von diesem ermächtigte Stelle.

Artikel 161. Auf die in diesem Gesetze gegen Entscheidungen der Disziplinargerichte zugelassenen Beschwerden finden die Vorschriften der Reichs-Strafprozeßordnung über die sofortige Beschwerde entsprechende Anwendung.

4. Kosten des Verfahrens.

Artikel 162. Für das Dienststrafverfahren werden nur bare Auslagen in Ansatz gebracht.

Wird der Beschuldigte verurteilt oder bleibt ein von ihm eingelegtes Rechtsmittel erfolglos, so hat er die im Verfahren erwachsenen baren Auslagen ganz oder teilweise zu erstatten.

Die Kosten des in Anwendung des Artikel 114 eingestellten Verfahrens trägt der Beschuldigte, die Kosten eines von dem Verurteilten zurückgenommenen Rechtsmittels dieser.

In allen übrigen Fällen trägt die Staatskasse die erwachsenen Kosten.

Wird der Beschuldigte außer Verfolgung gesetzt oder freigesprochen oder wird das Verfahren nach Artikel 151 eingestellt, so können die dem Beschuldigten erwachsenen notwendigen Auslagen einschließlich der Kosten der Verteidigung der Staatskasse auferlegt werden.

Über die Pflicht zur Tragung der Kosten ist gleichzeitig mit der Entscheidung in der Hauptsache zu erkennen.

5. Vollstreckung der Dienststrafen.

Artikel 163. Die Vollstreckung der rechtskräftigen Urteile der Disziplinargerichte wird durch das zuständige Ministerium oder die von diesem ermächtigte Stelle auf Grund einer beglaubigten Abschrift der Urteilsformel veranlaßt, die der Gerichtsschreiber der Disziplinarkammer erteilt und mit der Bescheinigung der Vollstreckbarkeit versieht.

---

[58]) Gestrichen durch Art. 183 des Volksschullehrergesetzes v. 14. August 1919 (GVBl. S. 437) in der Fassung des Art. VII des Ges. vom 24. März 1920 über die Änderung des Volksschullehrergesetzes und des Schulbedarfgesetzes vom 14. August 1919 (GVBl. S. 103).

Die Vollstreckung der Zwangs- und Geldstrafen erfolgt, soweit tunlich, im Wege der Aufrechnung nach dem Artikel 12 Abs. 1 des Ausführungsgesetzes zum Bürgerlichen Gesetzbuche. Andernfalls wird sie nach Maßgabe des Artikel 7 Abs. 1 des Ausführungsgesetzes zur Reichs-Zivilprozeßordnung und Konkursordnung bewirkt; einer Zustellung der beglaubigten Abschrift der Urteilsformel bedarf es nicht.

Im übrigen werden die Vorschriften über die Vollstreckung der Dienststrafen von der Staatsregierung erlassen.

Die Umwandlung einer nicht beizutreibenden Geldstrafe in eine Freiheitsstrafe findet nicht statt.

C. Dienststrafrecht für andere Beamte.

Artikel 164. Auf die widerruflichen aktiven Beamten finden, unbeschadet der Vorschrift des Artikel 96 Abs. 1 Satz 2, die Vorschriften der Artikel 105 bis 107, 111 bis 117, soweit sie sich auf Ordnungsstrafen beziehen, mit der Maßgabe entsprechende Anwendung, daß Geldstrafen gegen etatsmäßige Beamte bis zum Betrage des einmonatigen Gehalts,[59]) gegen die übrigen widerruflichen Beamten bis zum Betrage von einhundert Reichsmark[59a]) verhängt werden können.

Artikel 165. Auf die in dem Artikel 25 bezeichneten Staatsdienstaspiranten und sonstigen Personen finden die Vorschriften der Artikel 105 bis 107, 111 bis 117, soweit sie sich auf Ordnungsstrafen beziehen, mit der Maßgabe entsprechend Anwendung, daß Geldstrafen bis zum Betrage von einhundert Reichsmark[59a]) verhängt werden können.

Artikel 166. Auf die unter Gewährung von Wartegeld einstweilen in den Ruhestand versetzten unwiderruflichen Beamten findet das Dienststrafrecht für unwiderruflich aktive Beamte mit der Maßgabe Anwendung, daß Geldstrafe bis zum Betrage des einmonatigen Wartegeldes zulässig ist und daß an Stelle der Strafversetzung auf Minderung des Wartegeldes um höchstens den fünften Teil für die ganze Zeit oder für einen Teil des einstweiligen Ruhestandes zu erkennen ist.

Auf die unter Gewährung von Wartegeld einstweilen in den Ruhestand versetzten widerruflichen Beamten finden die Vorschriften der Artikel 105 bis 107, 111 bis 117, soweit sie sich auf Ordnungsstrafen beziehen, mit der Maßgabe entsprechende Anwendung, daß Geldstrafe bis zum Betrage des einmonatigen Wartegeldes[59a]) zulässig ist.

Artikel 167. Auf die zeitlich oder dauernd in den Ruhestand versetzten unwiderruflichen Beamten findet das Dienststrafrecht für die aktiven unwiderruflichen Beamten mit folgenden Einschränkungen entsprechende Anwendung:

Auf Verweis oder Geldstrafe kann nur wegen Verletzung der Pflicht der Amtsverschwiegenheit erkannt werden. Geldstrafe ist zulässig bis zum Betrage des einmonatigen Ruhegehalts.[59a]) Im übrigen ist ein Disziplinarverfahren nur wegen solcher in der Dienstesaktivität oder im Ruhestande begangener Handlungen zulässig, die gegenüber einem aktiven Beamten die Dienstentlassung begründen. An Stelle der Dienstentlassung ist auf Verlust des Titels, der Dienstabzeichen und des Ruhegehalts sowie des Anspruchs auf Hinterbliebenenversorgung zu erkennen. Die Vorschriften des Artikel 110 Abs. 2, 3 finden entsprechende Anwendung.

War der in den Ruhestand versetzte Beamte widerruflich, so finden die Vorschriften der Artikel 105 bis 107, 111 bis 117, soweit sie sich auf Ordnungsstrafen beziehen, mit der Maßgabe entsprechende Anwendung, daß auf diese Strafen nur wegen Verletzung der Pflicht der Amtsverschwiegenheit erkannt werden kann und daß Geldstrafe bis zum Betrage des einmonatigen Ruhegehalts[59a]) zulässig ist.

Artikel 168. Gegen Beamte und gegen die in dem Artikel 25 bezeichneten

---

[59]) Vergl. Art. 42 Abs. II BBesG. n. F. und Art. 6 des Gesetzes vom 29. Februar 1924 (GVBl. S. 117).

[59a]) Vergl. hiezu Art. 6 des Gesetzes v. 29. Februar 1924 (GVBl. S. 117) und § 1 der VO. v. 25. November 1925 (GVBl. S. 269).

Staatsdienstaspiranten und sonstigen Personen, deren Dienstverhältnis auf Ansuchen oder ohne Ansuchen gelöst wurde (Artikel 8 Abs. 2, Artikel 9 Abs. 2 und Artikel 108 Ziffer 2, Artikel 10), kann, sofern nicht eine andere Strafe verwirkt ist, wegen einer Verletzung der Pflicht der Amtsverschwiegenheit auch nach der Auflösung des Dienstverhältnisses eine Geldstrafe bis zum Betrage von sechshundert Reichsmark[59a]) im Disziplinarverfahren verhängt werden.

Artikel 169. In einem Disziplinarverfahren nach den Artikeln 166 bis 168 ist die Disziplinarkammer zuständig, in deren Bezirk der Beschuldigte seinen letzten Amtssitz hatte, und wenn dieser außerhalb Bayerns sich befand, die Disziplinarkammer in München.

VIII. Abschnitt.

Vorläufige Dienstenthebung.

Artikel 170. Der unwiderrufliche Beamte kann jederzeit unter Wahrung aller seiner Rechte als Beamter seines Dienstes vorläufig enthoben werden.

Artikel 171. Die vorläufige Enthebung eines Beamten vom Dienste mit den Wirkungen des Artikel 174 tritt kraft des Gesetzes ein:

1. wenn ein richterlicher Haftbefehl gegen ihn erlassen wurde;
2. wenn wegen eines Verbrechens oder eines solchen Vergehens, das den Verlust des Amtes zur Folge haben kann, die Eröffnung des Hauptverfahrens im militärgerichtlichen Verfahren die Anklageverfügung beschlossen wurde;
3. wenn im Disziplinarverfahren ein noch nicht rechtskräftiges Urteil ergangen ist, das auf Dienstentlassung lautet;
4. wenn eine Gefängnisstrafe gegen ihn in Vollzug gesetzt wird.

Artikel 172. Durch die zuständige Dienstbehörde kann die vorläufige Enthebung eines Beamten vom Dienste mit den Wirkungen des Artikel 174 verfügt werden, solange gegen ihn ein strafgerichtliches Verfahren oder ein Disziplinarverfahren eingeleitet ist oder eine nicht in dem Artikel 171 Ziff. 4 bezeichnete Freiheitsstrafe vollstreckt wird.

Gegen die Verfügung steht dem Beamten die Beschwerde im Instanzenzug offen.

Artikel 173. Die vorläufige Dienstenthebung dauert in den Fällen des Artikel 171 Ziff. 1, 4 bis zum Ablaufe des zehnten Tages nach Beendigung der Freiheitsentziehung.

In den Fällen des Artikel 171 Ziff. 2, 3 endet die vorläufige Dienstenthebung, sobald ein rechtskräftiges Urteil ergangen ist, das den Verlust des Amtes nicht zur Folge hat. Lautet jedoch im Falle des Artikel 171 Ziff. 2 das rechtskräftige Urteil auf Freiheitsstrafe, so dauert die vorläufige Dienstenthebung bis zum Ablaufe des zehnten Tages nach Vollstreckung der Strafe fort.

Artikel 174. Während der vorläufigen Enthebung eines Beamten vom Dienste nach den Artikeln 171, 172 wird ihm vom Ablaufe des Monats an, in dem sie eintritt, der dritte Teil des Gehalts[60]) einbehalten.

Soweit für diese Zeit der Gehalt[60]) bereits vorausgezahlt ist, wird der zuviel gezahlte Teilbetrag bei der nächstfälligen Gehaltszahlung gekürzt.

In Fällen der Not des Beamten ist das zuständige Ministerium oder die von diesem ermächtigte Stelle befugt, die Einbehaltung auf einen geringeren Teil des Gehalts[60]) zu beschränken.

Wird die Vollstreckung einer Freiheitsstrafe ohne Schuld des Verurteilten aufgehalten oder unterbrochen, so tritt für die Zeit der Verzögerung oder Unterbrechung eine Kürzung des Gehalts[60]) nicht ein. Das Gleiche gilt hinsichtlich der in dem Artikel 173 Abs. 1, 2 bestimmten Zeit von zehn Tagen, wenn nicht vor ihrem Ablaufe durch die zuständige Dienstbehörde (Artikel 172) die vorläufige Enthebung vom Dienste verfügt wird.

Artikel 175. Der einbehaltene Teil des Gehalts[60]) ist zur Deckung der den Beamten treffenden Kosten des Verfahrens (Artikel 162), sodann zur Deckung

---

[60]) Vergl. Fußnote 14 zu Art. 8.

der erkannten Geldstrafe und in den Fällen, in denen das Verfahren zur Strafversetzung oder zum Verluste des Amtes führt, zur Deckung der durch die Vertretung des Beamten verursachten Kosten zu verwenden, zur Deckung der Stellvertretungskosten auch, soweit sie wegen der Vollstreckung einer Freiheitsstrafe (Artikel 171 Ziff. 4, Artikel 172, Artikel 173 Abs. 1 und Abs. 2 Satz 2) erwachsen sind. Stellvertretungskosten, die durch den einbehaltenen Teil des Gehalts[60]) nicht gedeckt werden können, fallen dem Beamten nicht zur Last. Der nichtverbrauchte Teil des Gehalts[60]) ist, wenn das Verfahren zum Verluste des Amtes führt, den Wohlfahrtseinrichtungen für die Beamten zuzuwenden, sonst dem Beamten nachzuzahlen.

IX. Abschnitt.

Verfolgung vermögensrechtlicher Ansprüche der Beamten und ihrer Hinterbliebenen.

Artikel 176. Hinsichtlich der vermögensrechtlichen Ansprüche der Beamten aus ihrem Dienstverhältnis, insbesondere hinsichtlich der Ansprüche auf Gehalt[61]), Wartegeld und Ruhegehalt sowie hinsichtlich der den Hinterbliebenen der Beamten gesetzlich eingeräumten vermögensrechtlichen Ansprüche steht der Rechtsweg offen.

Ausgeschlossen von der Verfolgung im Rechtswege sind die Ansprüche der Beamten auf Vergütung der Umzugskosten und auf die Entschädigungen für Dienstreisen.[61a])

Artikel 177. Die in dem Art. 176 bezeichneten Ansprüche können erst gerichtlich verfolgt werden, wenn der Beteiligte gegen die ihn beschwerende Verfügung bei der zunächst zuständigen höheren Verwaltungsstelle und, sofern die Verfügung von einem Ministerium ausgegangen ist, bei diesem selbst Abhilfe verlangt und entweder eine ablehnende oder innerhalb sechs Wochen eine Entschließung nicht erhalten hat.

Über das Abhilfegesuch ist dem Beteiligten ungesäumt und unentgeltlich Empfangsbescheinigung zu erteilen.

Die Klage muß bei Verlust des Klagerechts innerhalb sechs Monaten, nachdem dem Beteiligten die auf das Abhilfegesuch ergangene Entschließung eröffnet worden ist und, sofern innerhalb der Frist von sechs Wochen eine Entschließung nicht ergangen ist, binnen sechs Monaten nach Ablauf dieser sechswöchigen Frist erhoben werden.

Artikel 178. Für die Beurteilung der vor dem Gerichte geltend gemachten vermögensrechtlichen Ansprüche sind die Entscheidungen der Verwaltungsbehörden und Disziplinargerichte bindend, welche diese nach ihrem pflichtgemäßen Ermessen zu treffen berechtigt sind, insbesondere die Entscheidungen

1. über Versetzung auf eine andere Amtsstelle,
2. über einstweilige, zeitliche oder dauernde Versetzung in den Ruhestand,
3. über Wiederanstellung,
4. über Dienstentlassung,
5. [über Zuweisung des Gehalts][62]), über Versagung und nachträgliche Anweisung der Gehalts[62a])vorrückungen,
6. über den Verlust des Diensteinkommens[62a]) wegen Fernbleibens vom Amte oder wegen Überschreitung des Urlaubs,
7. über die Höhe der Entschädigungen für Dienstwohnungen, Gärten und sonstige Grundstücke,
8. über die Frage, ob die Einwendungen eines Beamten oder seines Vertreters gegen die Versetzung in den Ruhestand (Artikel 51 Abs. 7) be-

---

[61]) Vergl. Art. 42 Abs. III BBesG. n. F.

[61a]) Vergl. dagegen § 67 Abs. 2 Satz 3 der Verfassungsurkunde des Freistaates Bayern vom 14. August 1919 (GVBl. S. 531) und Art. 129 der RV.

[62]) Gestrichen durch Art. 48 BBesG. n. F.

[62a]) Vergl. Fußnote 14 zu Art. 8.

gründet waren oder nicht, und über die Anrechnung einer Dienstzeit nach Artikel 56, 57,

9. über die Voraussetzungen, unter denen der Witwe oder den Kindern eines widerruflichen etatsmäßigen Beamten Witwen- oder Waisengeld zu gewähren ist, ferner
10. die Entscheidungen der Beamten, Behörden und Disziplinargerichte über die Verhängung von Zwangs-, Ordnungs- und Disziplinarstrafen,
11. die Entscheidungen der Dienstbehörden über die vorläufige Enthebung eines Beamten vom Dienste, endlich
12. die Entscheidungen über den Betrag, der einem vorläufig vom Dienste enthobenen Beamten für Stellvertretungskosten an dem einbehaltenen Gehalt[62a]) abzuziehen ist.

X. Abschnitt.

Verfahren bei Ersatzzuweisungen.

Artikel 179. Hat ein Beamter durch vorsätzliche oder fahrlässige Verletzung seiner Amtspflicht dem Staate einen Schaden zugefügt, so kann die zuständige Behörde beschließen, daß der Beamte für den Schaden haftbar ist und in welcher Höhe er dem Staate Ersatz zu leisten hat.

Der Beschluß ist mit Gründen zu versehen und dem Beamten unter Belehrung über das ihm zustehende Beschwerderecht zu eröffnen. Auf Verlangen ist ihm eine Abschrift zu behändigen.

Gegen den Beschluß steht dem Beamten die Beschwerde im Instanzenzug offen. Die Frist zur Einlegung der Beschwerde beträgt zwei Wochen vom Tage der Eröffnung an.

Der Beschluß wird mit dem Ablaufe der Beschwerdefrist oder mit der Eröffnung der Entscheidung der letzten Instanz an den Beamten nach Maßgabe der Vorschriften über das Vollstreckungsrecht der Verwaltungsbehörden (Artikel 6, 7 des Ausführungsgesetzes zur Reichszivilprozeßordnung und Konkursordnung) vollstreckbar. Der Beschluß kann auch vorher für vorläufig vollstreckbar erklärt werden, wenn zu befürchten ist, daß der Beamte sein Vermögen der Verwendung zum Ersatze des Schadens entziehen werde oder wenn sonst durch die Aussetzung der Vollstreckung für den Staat ein schwer zu ersetzender Nachteil entstehen würde. Dem Beamten ist in diesem Falle zu gestatten, durch Sicherheitsleistung oder durch Hinterlegung die Vollstreckung abzuwenden.

Artikel 180. Gegen den vollstreckbaren Beschluß, durch den der Beamte zum Ersatz eines Schadens an den Staat verpflichtet wird, steht ihm sowohl hinsichtlich der Ersatzverbindlichkeit als auch hinsichtlich des Betrags des zu ersetzenden Schadens die Beschreitung des Rechtswegs offen.

Das Klagerecht erlischt binnen einer Ausschlußfrist von einem Jahre. Sie beginnt mit dem Tage, an dem der Beschluß vollstreckbar geworden ist. Auf sie finden die Vorschriften der §§ 203, 206, 207 des Bürgerlichen Gesetzbuchs entsprechende Anwendung.

Die Vorschrift des Artikel 2 des Ausführungsgesetzes zur Reichszivilprozeßordnung und Konkursordnung findet keine Anwendung.

Artikel 181. Die Vorschriften der Artikel 179, 180 finden auf die in dem Artikel 25 bezeichneten Staatsdienstaspiranten und sonstigen Personen Anwendung.

XI. Abschnitt.

Besondere Vorschriften für einzelne Klassen von Beamten.

[A. Staatsminister.

Artikel 182. Auf die Zivilstaatsminister finden die für unwiderrufliche Beamte geltenden Vorschriften der Abschnitte I bis VI, IX dieses Gesetzes Anwendung, soweit sich nicht aus dem Gesetze vom 4. Juni 1848, die Verantwortlichkeit der Minister betreffend, ein anderes ergibt.][63])

---

[63]) Durch die b. Verfassung vom 14. August 1919 aufgehoben. Die Minister sind hienach nicht mehr Beamte. Vgl. insbesondere § 60 VU. und das Gesetz

B. Richter der ordentlichen Gerichte und Mitglieder des Verwaltungsgerichtshofs.[64])

Artikel 183. Die Vorschriften dieses Gesetzes finden auf die Richter der ordentlichen Gerichte und auf die Mitglieder des Verwaltungsgerichtshofs Anwendung, soweit nicht in den Reichsgesetzen, in dem Ausführungsgesetze zum Reichsgerichtsverfassungsgesetz, in dem Disziplinargesetze für richterliche Beamte und in dem Gesetz über die Errichtung eines Verwaltungsgerichtshofs und das Verfahren in Verwaltungsrechtssachen ein anderes bestimmt ist.

Für diese richterlichen Beamten gelten folgende weitere besondere Vorschriften:

1. [An Stelle des Art. 27 Abs. 2][65]): Die Stelle eines Richters oder eines Mitglieds des Verwaltungsgerichtshofs darf nicht mit einem Verweser besetzt werden; die Vorschrift des Artikels 2 des Ausführungsgesetzes zu der Grundbuchordnung und zu dem Gesetz über die Zwangsversteigerung und die Zwangsverwaltung bleibt unberührt. Einem richterlichen Beamten darf nicht ein geringerer Gehalt[66]) als der in der Gehaltsordnung[67]) bestimmte zugewiesen werden; eine Ausnahme gilt nur für die Vorstände der Amtsgerichte und für die Vorstände der Abteilungen der Amtsgerichte, ihnen muß jedoch mindestens der Gehalt eines Oberamtsrichters zugewiesen werden.
2. [An Stelle des Art. 28 Abs. 2: Die richterlichen Beamten haben einen Anspruch auf Vorrückung im Gehalte nach Maßgabe der Gehaltsordnung und des Dienstalters.[68])
3. Die Artikel 31, 33 Abs. 2 gelten für richterliche Beamte nicht.[69])]
4. [Zu Artikel 32:][70]) Hat das gegen einen richterlichen Beamten eingeleitete Strafverfahren den Verlust des Amtes nicht zur Folge, wird aber wegen des nämlichen Tatbestandes innerhalb zweier Wochen nach der Beendigung des Strafverfahrens ein Disziplinarverfahren eingeleitet, so bleibt die Vorrückung des richterlichen Beamten im Gehalt[66]) auch während der Zeit von der Beendigung des Strafverfahrens bis zur Erledigung des Disziplinarvergehens ausgesetzt. Ist ein anderes Strafverfahren als ein [in Artikel 32][70]) bezeichnetes gegen einen richterlichen Beamten anhängig, so kann die Disziplinarkammer vor der Einleitung des Disziplinarverfahrens die Aussetzung der Vorrückung anordnen. Führt das Strafverfahren oder das Disziplinarverfahren zum Verluste des Amtes oder zur Entziehung des Anspruchs auf Vorrückung im Gehalte,[66]) so findet eine Nachzahlung der einbehaltenen Beträge nicht statt.
5. [Zu Artikel 35 Abs. 2: Bei richterlichen Beamten bedarf es der in Satz 2 bezeichneten Erlaubnis nicht.][71])

über die Besoldung der Minister und Staatssekretäre vom 19. Dezember 1919 (GVBl. 1920 S. 11), geändert durch Gesetz vom 26. Juli 1920 (GVBl. S. 413), vom 23. Mai 1921 (GVBl. S. 337), vom 16. Dezember 1921 (GVBl. 1923 S. 4) und vom 9. Januar 1923 (GVBl. S. 12), sowie durch Art. 2 des Gesetzes zur neunten Abänderung des Beamtenbesoldungsgesetzes usw. vom 29. Februar 1924 (GVBl. S. 117).

[64]) Vergl. Art. 49 BBesG. n. F.

[65]) Vergl. Fußnote 26 zu Abschn. III und Artikel 3 Abs. 2 BBesG. n. F.

[66]) Vergl. Fußnote 14 zu Art. 8.

[67]) Vergl. Fußnote 4 zu Art. 1.

[68]) Aufgehoben durch Art. 49 Ziff. 1 BBesG. n. F.; vergl. Art. 11 Abs. 1 a. a. O.

[69]) Ersetzt durch Art. 49 Ziff. 2 BBesG. n. F.

[70]) Vergl. Fußnote 26 zu Abschn. III und Art. 12 BBesG. n. F.

[71]) Ersetzt durch Art. 49 Ziff. 3 BBesG. n. F.

6. Art. 47 Abs. 1 gilt für richterliche Beamte nicht[72]).

7. Wird ein richterlicher Beamter wider seinen Willen in den Ruhestand versetzt, weil ohne sein Verschulden Umstände gegeben waren, die seine amtliche Wirksamkeit nicht bloß vorübergehend störten, so sind für die Bemessung und Zahlung des Ruhegehalts die Vorschriften der Artikel 39 bis 41 entsprechend anzuwenden.

Die Vorschrift des Artikel 64 Abs. 1 gilt für richterliche Beamte mit der Maßgabe, daß die Richter der ordentlichen Gerichte nicht auf eine andere Stelle als auf eine Richterstelle dieser Gerichte, die Mitglieder des Verwaltungsgerichtshofs nicht auf eine andere Stelle als die Stelle eines Mitglieds dieses Gerichtshofs wider ihren Willen berufen werden können.

8. Die Vorschriften der Artikel 103, 104, 170 finden auf richterliche Beamte nicht Anwenduung.

9. Die Vorschriften der Artikel 179, 180 gelten für richterliche Beamte nur soweit, als sie Hinterlegungsbeamte sind.

C. Mitglieder des Obersten Rechnungshofs.

Artikel 184. Auf die Mitglieder des Obersten Rechnungshofs finden in Bezug auf den Anspruch auf Gehalt[66]) und die Vorrückung im Gehalt,[66]) in Bezug auf die Dienstaufsicht und das Dienststrafverfahren, die vorläufige Dienstenthebung, die unfreiwillige Versetzung auf eine andere Stelle und die [unfreiwillige][72a]) Versetzung in den Ruhestand die für die Mitglieder des Verwaltungsgerichtshofs geltenden Vorschriften Anwendung. Hiebei tritt an die Stelle des Verwaltungsgerichtshofs und seiner Mitglieder der Oberste Rechnungshof und seine Mitglieder und an die Stelle des Staatsministers des Innern der Staatsminister der Finanzen.

In Bezug auf die Verfolgung vermögensrechtlicher Ansprüche gegen den Staat findet auf die Mitglieder des Obersten Rechnungshofs die Vorschrift im § 9 des Reichsgerichtsverfassungsgesetzes entsprechende Anwendung.

D. Landtagsbeamte.

[**Artikel 185.** Unberührt bleiben die Vorschriften in dem Artikel 11 des Gesetzes vom 19. Januar 1872, den Geschäftsgang des Landtages betreffend.[73])

Die Ernennung des Kanzleidirektors der Kammer der Reichsräte erfolgt auf Vorschlag des Direktoriums der Kammer der Reichsräte,[74]) die Ernennung des Bürovorstandes der Kammer der Abgeordneten][75]) auf Vorschlag des Direktoriums der Kammer der Abgeordneten.

Die Ernennung des Vorstandes und der Mitglieder des Stenographischen Instituts erfolgt auf Vorschlag der Direktorien der beiden Kammern des Landtags.[75a])

Während der Versammlung des Landtags in ordentlicher oder außerordentlicher Tagung sowie während der Tagung eines bei nichtversammeltem Landtag einberufenen Ausschusses steht die Dienstaufsicht über den Landtagsarchivar den Direktorien der beiden Kammern,[75a]) [die Dienstaufsicht über den Kanzleidirektor der Kammer der Reichsräte dem Direktorium der Kammer der Reichsräte,][74]) die Dienstaufsicht über den Bürovorstand der Kammer der Abgeordneten dem Direktorium der Kammer der Abgeordneten[75a]) zu. Die Stellung des Antrags auf Einleitung des Disziplinarverfahrens und die Zurücknahme dieses Antrags erfolgt während dieser Zeit mit Zustimmung der betreffenden Direktorien.

---

[72]) Neu eingefügt durch VO. vom 29. März 1924 (GVBl. S. 128).

[72a]) Gestrichen durch VO. vom 29. März 1924 (GVBl. S. 128); vergl. § 3 des Gesetzes über die Einrichtung der Gerichte und die Einführung einer Altersgrenze für die Richter vom 29. März 1924 (GVBl. S. 125).

[73]) Aufgehoben durch Ges. v. 21. Mai 1919 (GVBl. S. 253), nunmehr maßgebend § 29 V.U.

[74]) Hinfällig durch die bayerische Verfassung vom 14. August 1919.

[75]) Jetzt Landtag.

[75a]) Jetzt Direktorium des Landtages.

Der Vorstand und die Mitglieder des Stenographischen Instituts sind während dieser Zeit hinsichtlich ihres Dienstes im Landtags-Stenographenbüro den Direktorien der beiden Kammern untergeordnet.[75a])

Die Landtagsbeamten (§ 29 der Verfassungsurkunde) haben die Rechte und Pflichten der Staatsbeamten. Ihre Anstellung erfolgt durch den Vorstand des Landtags, der ihre vorgesetzte Behörde bildet. Für ihre Besoldung sind die Grundsätze des Beamtenbesoldungsgesetzes im allgemeinen maßgebend.[76])

E. Beamte der Versicherungskammer und des Wasserversorgungsbüros.[77])

Artikel 186. Die Beamten, die einer in den besonderen Gehaltsordnungen für den Bereich der Versicherungskammer und den Bereich des Wasserversorgungsbüros[77]) aufgeführten Beamtenklasse angehören und in den in dem Artikel 5 Abs. 1 vorgeschriebenen Formen ernannt werden, sind etatsmäßige Beamte im Sinne des Artikel 2 dieses Gesetzes. Das Dienstverhältnis dieser Beamten ist, soweit sie in dem diesem Gesetz als Anlage II[77a]) beigefügten Verzeichnis aufgeführt sind, nach einer etatsmäßigen Dienstzeit von drei Jahren unwiderruflich; das Dienstverhältnis der übrigen in den besonderen Gehaltsordnungen aufgeführten etatsmäßigen Beamten ist nach einer etatsmäßigen Dienstzeit von zehn Jahren unwiderruflich.

Die Vorschrift des Artikel 6 Abs. 4 dieses Gesetzes findet entsprechende Anwendung.

Bei dem Übertritt aus einer in den besonderen Gehaltsordnungen aufgeführten Klasse in eine in der Gehaltsordnung im Sinne dieses Gesetzes[77b]) aufgeführte Klasse und umgekehrt gelten diese Gehaltsordnungen als eine einzige Gehaltsordnung.

F. Hochschulprofessoren.

Artikel 187.[78]) Die Hochschulprofessoren (Art. 1 des Diensteinkommensgesetzes) beziehen außer ihrem Diensteinkommen die von den Studierenden entrichteten Vorlesungs- und Übungsgebühren nach Maßgabe der hierüber bestehenden Vorschriften.

Durch Verordnung kann bestimmt werden, daß die anfallenden Vorlesungs- und Übungsgebühren den Hochschulprofessoren nur bis zu einem bestimmten Betrag ungekürzt zufließen, vom Mehranfall aber ein bestimmter Anteil an einen von der Hochschule zu verwaltenden Fonds (Vorlesungsgebührenfonds) abzuführen ist, der nach Anordnung des zuständigen Staatsministeriums für sachliche Bedürfnisse der Hochschule, zur Erteilung besoldeter Lehraufträge und zur Gewährung von Zuschüssen an etwa bestehende Witwen- und Waisenkassen für Hinterbliebene von Lehrern und Beamten der Hochschulen zu verwenden ist.

Die Hochschulprofessoren, die das fünfundsechzigste Lebensjahr vollendet haben, können auf ihr Ansuchen von der Verpflichtung zur Abhaltung von Vorlesungen unter Belassung des von ihnen erdienten Diensteinkommens, jedoch ohne Ersatz für den Ausfall an Vorlesungsgebühren befreit werden.

Auf die Hochschulprofessoren findet Art. 47 Abs. 1 keine Anwendung. Sie können nach Vollendung des fünfundsechzigsten Lebensjahres sowohl die Versetzung in den dauernden Ruhestand beanspruchen als auch ohne Ansuchen in den dauernden Ruhestand versetzt werden.[78a])

---

[76]) Hinzugefügt durch Art. 50 BBesG. n. F.

[77]) Jetzt Landesamt für Wasserversorgung. Vgl. Allerh. VO. v. 21. Dezember 1908 (GVBl. S. 1155), vom 7. Februar 1913 (GVBl. S. 77) und vom 10. August 1920 (GVBl. S. 393).

[77a]) Hier nicht abgedruckt.

[77b]) Vergl. Fußnote 4 zu Art. 1.

[78]) Neufassung nach Art. 51 BBesG.; vgl. auch Art. 52 a. a. O. und das Gesetz über das Diensteinkommen der Hochschulprofessoren vom 27. Juli 1922 (GVBl. S. 377).

[78a]) Neu eingefügt durch VO. vom 29. März 1924 (GVBl. S. 128).

G. Beamte der aus Kreisfonds unterhaltenen Mittelschulen.

Artikel 188. Die Beamten der Oberrealschulen, Progymnasien, Realschulen, Lateinschulen, [der Kreisbaugewerkschule Kaiserslautern,][78b]) der landwirtschaftlichen Mittelschulen und Kreisackerbauschulen, die in den in dem Art. 5 Abs. 1 vorgeschriebenen Formen ernannt werden, sind etatsmäßige Beamte im Sinne des Artikel 2 dieses Gesetzes. Das Dienstverhältnis dieser Beamten ist, soweit sie in dem diesem Gesetz als Anlage III[79]) beigefügten Verzeichnis aufgeführt sind, nach einer etatsmäßigen Dienstzeit von drei Jahren, das Dienstverhältnis der übrigen Beamten nach einer etatsmäßigen Dienstzeit von zehn Jahren unwiderruflich.

Die vermögensrechtlichen Ansprüche der etatsmäßigen Beamten [der Kreisbaugewerkschule Kaiserslautern und][78b]) der Kreisackerbauschulen aus ihrem Dienstverhältnis und die ihren Hinterbliebenen gesetzlich eingeräumten vermögensrechtlichen Ansprüche richten sich gegen die Kreisgemeinde, in der diese Beamten angestellt sind.

Die Ansprüche der übrigen in Abs. 1 aufgeführten Beamten auf Wartegeld, Ruhegehalt, Hinterbliebenenversorgung und Unfallfürsorge, dann auf Gewährung von Umzugskosten richten sich gegen den Staat, der auch die Stellvertretungskosten bei diesen Anstalten bestreitet, die sonstigen vermögensrechtlichen Ansprüche der genannten Beamten aus dem Dienstverhältnisse richten sich gegen die Kreisgemeinde, in der sie angestellt sind.[78c])

Die Zahl und die Art der Stellen von etatmäßigen Beamten an den in Abs. 1 aufgezählten Anstalten bestimmt das Ministerium für Unterricht und Kultus im Einvernehmen mit dem Ministerium der Finanzen.[80])

[80]) Die Kreise sind verpflichtet, die Besoldung des Personals der in Abs. 1 aufgeführten Anstalten vom 1. April 1920 an nach den Grundsätzen des Beamtenbesoldungsgesetzes vom 2. Juni 1920 zu regeln unter Beachtung der nachstehenden Vorschriften:

1. Es haben zu erhalten:

den gleichen Grundgehalt wie die Oberstudiendirektoren der Gymnasien in Gruppe XII: die Oberstudiendirektoren der Oberrealschulen, der Realschulen, der höheren Landwirtschaftsschulen in Nürnberg und Pfarrkirchen;

den gleichen Grundgehalt wie die Oberstudienräte der Gymnasien in Gruppe XII: die Oberstudienräte der Oberrealschulen und der Realschulen;

den gleichen Grundgehalt wie die Studienprofessoren in Gruppe XI: die Studiendirektoren der Progymnasien, der Lateinschulen, der Realschulen, die Direktoren der Kreisackerbauschulen, die Studienprofessoren der Progymnasien, Oberrealschulen, Realschulen, der höheren Landwirtschaftsschulen und der Kreisackerbauschulen;

den gleichen Grundgehalt wie die Studienräte in Gruppe X: die Studienräte der Progymnasien, der Lateinschulen, der Oberrealschulen, der Realschulen, der höheren Landwirtschaftsschulen und der Kreisackerbauschulen.

Abweichend hiervon kann das Ministerium für Unterricht und Kultus im Einvernehmen mit dem Ministerium der Finanzen bestimmen, daß die Direktoren einzelner Kreisackerbauschulen den gleichen Grundgehalt wie die Oberstudiendirektoren der Gymnasien in Gruppe XII zu erhalten haben.

2. Die Grundgehalte der übrigen Beamten der in Abs. 1 aufgeführten Anstalten sowie des Personals der mit Oberrealschulen oder Realschulen organisch

---

[78b]) Gestrichen durch Art. 53 BBesG. n. F.

[78c]) Nach Art. 2 des Ges. v. 28. März 1924 (GVBl. S. 116) hat der Staat mit Wirkung vom 1. April 1924 den persönlichen und sächlichen Bedarf für die Oberrealschulen, Realschulen, Progymnasien und Lateinschulen, deren etatsmäßige Beamte bisher von den Kreisen besoldet wurden, übernommen.

[79]) Hier nicht abgedruckt.

[80]) Fassung nach Artikel 53 des BBesG. n. F.

verbundenen gewerblichen und technischen Fachschulen sind den Grundgehalten der in die Besoldungsordnung aufgenommenen einschlägigen Beamtenklassen anzugleichen. Welche Beamtenklassen einschlägig sind, bestimmt das zuständige Ministerium.

3. Dem aushilfsweise verwendeten Lehrpersonal der in Abs. 1 aufgeführten Anstalten sind die gleichen Bezüge zu gewähren, wie dem einschlägigen Personal der aus Staatsmitteln unterhaltenen höheren Lehranstalten.

Die bisherigen Leistungen der Distrikte und Städte zum Personalaufwande der in Abs. 1 genannten Anstalten sind nach Maßgabe der für das Jahr 1908 festgesetzten Anstaltsetats als Bauschbeträge fortzuentrichten. Die Bauschbeträge werden von fünf zu fünf Jahren nach Maßgabe der bei dem Inkrafttreten dieses Gesetzes zwischen den Kreisen und den Distrikten oder Städten bestehenden oder künftig an deren Stelle tretenden Vereinbarungen neu festgesetzt.

H. Sonstige Beamte der Kreise und Beamte der Stiftungen.

Artikel 189. Durch Königliche[81]) Entschließung können die Vorschriften dieses Gesetzes über die etatsmäßigen Beamten auf die nicht in dem Artikel 188 aufgeführten, aus Kreismitteln besoldeten Beamten und auf die nicht in die Gehaltsordnung[82]) aufgenommenen, aus Stiftungsmitteln besoldeten Beamten ganz oder teilweise für entsprechend anwendbar erklärt werden.

Die Dauer der Widerruflichkeit des Dienstverhältnisses dieser Beamten wird in der Königlichen[81]) Entschließung bestimmt. Die vermögensrechtlichen Ansprüche aus dem Dienstverhältnisse sowie die den Hinterbliebenen eingeräumten vermögensrechtlichen Ansprüche richten sich bei den aus Kreismitteln besoldeten Beamten gegen die Kreisgemeinde, in der sie angestellt sind, bei den aus Stiftungsmitteln besoldeten Beamten gegen den Staat. Die beteiligten Stiftungen sind dem Staate ersatzpflichtig.

Durch Königliche[81]) Entschließung können für die in Abs. 1 genannten Kreisbeamten einheitliche Grundsätze über das Mindestmaß der diesen zu gewährenden Bezüge aufgestellt werden.

J. Beamte der Fachschulen.

Artikel 190. Den Beamten derjenigen Fachschulen, die ganz oder größtenteils aus staatlichen Mitteln unterhalten werden, kann nach Maßgabe des dienstlichen Bedürfnisses die Eigenschaft von etatsmäßigen Beamten im Sinne des Artikel 2 dieses Gesetzes verliehen werden, sofern ihre Gehalte gleichzeitig der Gehaltsordnung[82]) entsprechend geregelt werden. Die Dauer der Widerruflichkeit ihres Dienstverhältnisses ist jeweils entsprechend festzusetzen.

K. Beamte der K. Bank.[83])

Artikel 191. Durch Königliche[81]) Verordnung können die Vorschriften dieses Gesetzes über die etatsmäßigen Beamten ganz oder teilweise auf die Beamten der K. Bank[83]) für entsprechend anwendbar erklärt werden.

L. Beamte der Militärverwaltung.[84])

[**Artikel 192.** Auf die Beamten der Militärverwaltung finden lediglich Abschnitt I, II, VII bis X dieses Gesetzes entsprechende Anwendung unter den nachstehenden besonderen Festsetzungen.

---

[81]) Vergl. Fußnote 2 zu Art. 1.

[82]) Vergl. Fußnote 4 zu Art. 1.

[83]) Nunmehr Bayerische Staatsbank. Vergl. Bek. v. 15. November 1918 (GVBl. S. 1241), Übergangsgesetz vom 28. März 1919 (GVBl. S. 113) und Bek., Übergangsgesetz betreffend, vom 28. April 1919 (GVBl. S. 401). Vgl. auch Verordnungen vom 10. Dezember 1908 (GVBl. S. 1064) und vom 7. August 1920 (GVBl. S. 385).

[84]) Hinfällig seit Inkrafttreten der Reichsverfassung. Vergl. VO. vom 20. August 1919 (RGBl. S. 1475), betr. die Übertragung des Oberbefehls über die Wehrmacht des Deutschen Reichs auf den Reichswehrminister.

Artikel 193. Etatsmäßige Beamte sind diejenigen Beamten, die eine in den Besoldungsetats aufgeführte Stelle bekleiden und in den in dem Artikel 5 Abs. 1 vorgeschriebenen Formen ernannt werden.

Artikel 194. Das Dienstverhältnis der Beamten, die in dem dieses Gesetz als Anlage IV beigefügten Verzeichnis aufgeführt sind, ist nach einer etatsmäßigen Dienstzeit von drei Jahren unwiderruflich.

Das Dienstverhältnis der übrigen etatsmäßigen Beamten ist nach einer etatsmäßigen Dienstzeit von zehn Jahren unwiderruflich.

Artikel 195. Für das Dienstverhältnis der außeretatsmäßigen Beamten sind die einschlägigen allgemeinen Vorschriften und die mit diesen Beamten abgeschlossenen Dienstverträge maßgebend.

Auf diese Beamten finden die Vorschriften der Artikel 105 bis 107, 111 bis 117, soweit sie sich auf Ordnungsstrafen beziehen, mit der Maßgabe entsprechende Anwendung, daß Geldstrafen bis zum Betrage von einhundert Mark verhängt werden können.

Gegen diese Beamten kann nach Lösung ihres Dienstverhältnisses die in dem Artikel 168 vorgesehene Strafe verhängt werden.

Wird einem außeretatsmäßigen Beamten eine etatsmäßige Stelle übertragen, so wird ihm die in der Eigenschaft eines außeretatsmäßigen Beamten zurückgelegte Dienstzeit auf die Zeit der Widerruflichkeit angerechnet.

Artikel 196. Artikel 16 dieses Gesetzes gilt für die Militärbeamten neben dem § 49 des Reichs-Militärgesetzes vom 2. Mai 1874.

Die Vorschriften der Artikel 17, 18 finden auf die Beamten der Militärverwaltung nur insoweit Anwendung, als nicht im III. Abschnitte des vorbezeichneten Reichsgesetzes ein anderes bestimmt ist.

Für die Qualifikation der Beamten der Militärverwaltung ist die Qualifikationsvorschrift für das Heer maßgebend. Die Einlegung der Beschwerde gegen die Mitteilungen aus den Qualifikationen richtet sich nach der Beschwerdeordnung.

Artikel 197. Die Vorschriften des Artikel 167 über die Anwendung des Dienststrafrechts für unwiderrufliche Beamte finden auch auf diejenigen Beamten der Militärverwaltung Anwendung, die vor der Versetzung in den Ruhestand widerruflich waren oder als außeretatsmäßige Beamte mit Pension in den Ruhestand versetzt wurden.

Artikel 198. Als Gehalt im Sinne der Artikel 8, 9, 107, 109, 164, 174 gilt für die Beamten der Militärverwaltung ihr Diensteinkommen.

Als eine Schmälerung des Diensteinkommens ist es nicht anzusehen, wenn bei der Versetzung die Gelegenheit zur Verwaltung von Nebenämtern entzogen wird, der Wohnungsgeldzuschuß sich mindert oder die Ortszulage oder der Bezug der für Dienstunkosten besonders ausgesetzten Einnahmen mit diesen Unkosten wegfällt.

Artikel 199. Gegen Militärbeamte, die ausschließlich unter Militärbefehlshabern stehen, verfügt der Kommandierende General des Armeekorps die Einleitung des Disziplinarverfahrens und ernennt den Untersuchungsbeamten. Soweit diese Beamten nicht im Armeekorpsverbande stehen, ist die territoriale Zuständigkeit maßgebend.

Die entscheidende Disziplinarbehörde I. Instanz ist die Militär-Disziplinar-Kommission.

Für jedes Armeekorps tritt die Militär-Disziplinar-Kommission am Standorte des Generalkommandos zusammen. Sie wird aus einem Obersten als Vorsitzenden und sechs anderen Mitgliedern, von denen drei zu den Stabsoffizieren, Hauptleuten und Rittmeistern, die übrigen zu den oberen Beamten der Militärverwaltung gehören müssen, gebildet.

Die Mitglieder der Kommission werden vom Kriegsministerium ernannt.

Die Verrichtungen der Staatsanwaltschaft bei den Militär-Disziplinar-Kommissionen werden von einem durch den Kommandierenden General zu bestimmenden Oberkriegsgerichtsrate wahrgenommen. Im Behinderungsfalle wird ein anderer Oberkriegsgerichtsrat oder ein Kriegsgerichtsrat mit der Stellvertretung beauftragt.

Artikel 200. Hinsichtlich der von den Militärvorgesetzten über Militärbeamte zu verhängenden Strafen, die nicht in Strafversetzung oder Dienstentlassung bestehen, kommen die auf jene Beamten bezüglichen besonderen Vorschriften zur Anwendung. Dasselbe gilt von der Amtssuspension aller Beamten der Militärverwaltung im Falle des Krieges.

Artikel 201. Die Vorschriften des Artikel 13 und des Abschnitts X finden auf Personen des Soldatenstandes so weit Anwendung, als sie in Ausübung administrativer Obliegenheiten und Befugnisse einen Schaden verursachen.

Die Zuständigkeit der Dienstesstellen und Behörden zur Beschlußfassung und der Instanzenzug für die Beschwerde werden vom Kriegsministerium geregelt.

Artikel 202. Die besonderen gesetzlichen Vorschriften über die Verhältnisse der richterlichen Militärjustizbeamten bleiben unberührt.

M. Militärgeistliche.[84])

Artikel 203. Die mit der Militärseelsorge besonders betrauten Geistlichen haben die Eigenschaft von etatsmäßigen Beamten im Sinne des Artikel 2 dieses Gesetzes.

Das Dienstverhältnis dieser Geistlichen ist nach einer etatsmäßigen Dienstzeit von drei Jahren unwiderruflich.

Die Besoldung wird durch den Militäretat festgesetzt.]

[N. Gendarmerieoffiziere und Gendarmen.[85])

Artikel 204. Die Gendarmerieoffiziere sind nicht Beamte im Sinne dieses Gesetzes. Auf sie finden jedoch die für widerrufliche etatsmäßige Beamte geltenden Vorschriften der Abschnitte III, IV, V und VI entsprechende Anwendung.

Für die Gendarmeriemannschaften gelten an Stelle der Vorschriften des VII. Abschnitts die im Verordnungsweg über die Dienstaufsicht und das Dienststrafrecht erlassenen Vorschriften.]

O. Eichmeister, sowie Steuer- und Gemeinde-Einnehmer.

Artikel 205. Die Eichmeister sowie die Steuer- und Gemeinde-Einnehmer im Regierungsbezirke der Pfalz gelten als Beamte im Sinne des Artikel 1 dieses Gesetzes. Auf sie finden auch die Vorschriften in dem Artikel 3, dem Artikel 6 Abs. 3, den Artikeln 7, 9 Anwendung.

Als Ordnungsstrafe kann gegen sie eine Geldstrafe bis zum Betrage von dreihundert Mark verhängt werden.

Eichmeister sowie Steuer- und Gemeinde-Einnehmer, welche die Unwiderruflichkeit erlangt haben, können ohne Ansuchen unter denselben Voraussetzungen ihres Amtes enthoben werden, unter denen unwiderrufliche Beamte ohne Ansuchen in den Ruhestand versetzt werden können.

Die Vorschriften des Abschnitts VI finden auf die Eichmeister sowie die Steuer- und Gemeinde-Einnehmer keine Anwendung.

P. Weibliche Beamte.

Artikel 206.[86]) Auf die weiblichen Beamten finden die Vorschriften dieses Gesetzes mit folgenden Änderungen Anwendung:

1a. Mit ihrer Verehelichung wird das Dienstverhältnis dauernd widerruflich, auch wenn es bereits unwiderruflich war.[86a])

1. Auch die unehelichen Kinder erhalten Sterbegehalt (Art. 72).
2. Das Waisengeld wird jedem ehelichen oder durch nachgefolgte Ehe legitimierten Kinde, dessen Vater nicht mehr lebt, und jedem unehelichen Kinde gewährt. Es beträgt zwanzig vom Hundert des Ruhegehalts, zu

---

[85]) Aufgehoben durch Art. 1 des Ges. über die Umgestaltung der Gendarmerie vom 31. Juli 1919 (GVBl. S. 409).

[86]) Fassung nach Art. 53 des AG. zur RVO. v. 2. November 1912 (GVBl. S. 1135).

[86a]) Neu eingefügt durch VO. vom 29. März 1924 (GVBl. S. 128); vgl. Art. 5 Ziff. 2 Abs. 4 ebenda.

dessen Bezug die Mutter berechtigt gewesen ist oder berechtigt gewesen sein würde, wenn sie am Todestag in den Ruhestand getreten wäre, jedoch mindestens achtundsiebzig Goldmark. Dieses Waisengeld wird ehelichen und legitimierten Kindern auch dann gewährt, wenn der Vater noch lebt, jedoch erwerbsunfähig ist und die Mutter den Lebensunterhalt der Familie ganz oder überwiegend aus ihrem Diensteinkommen[87]) bestritten hat oder wenn sich der Vater ohne gesetzlichen Grund von der häuslichen Gemeinschaft ferngehalten und seiner väterlichen Unterhaltspflicht entzogen hat. Die Gewährung des Waisengeldes beginnt bei ehelichen und legitimierten Kindern bei Beginn des Monats, in dem der Vater gestorben oder erwerbsunfähig geworden ist oder sich ohne gesetzlichen Grund von der häuslichen Gemeinschaft entfernt und seiner Unterhaltspflicht entzogen hat. Die Gewährung beginnt jedoch keinesfalls vor dem in Art. 82 bestimmten Zeitpunkte.[87a])

Bei der Berechnung des Waisengeldes darf als Ruhegehalt der Mutter kein höherer Betrag als achtzig vom Hundert ihres pensionsfähigen Diensteinkommens (Art. 39 Abs. 2) zugrunde gelegt werden.[87a])

Im Falle der Verehelichung nach Versetzung in den Ruhestand kann den weiblichen Beamten auf ihren Antrag eine einmalige Abfindung bis zum fünffachen Betrage des Ruhegehalts gewährt werden. Die Ansprüche der Kinder auf Waisengeld werden hiervon nicht berührt. Das Waisengeld wird in diesem Falle mit Beginn des Monats gewährt, in dem die Mutter gestorben ist.

Einem verheirateten weiblichen Beamten, dessen Dienstverhältnis nach Art. 8 gelöst wurde, kann bei Erwerbsunfähigkeit im Falle des Bedürfnisses ein Ruhegehalt in entsprechender Anwendung des Art. 68, Kindern unter 21 Jahren aus einer Ehe, die der weibliche Beamte vor der Lösung des Dienstverhältnisses geschlossen hat, kann im Falle des Todes der Eltern ein Waisengeld widerruflich gewährt werden.[86a])

Abschnitt XIa.[88])

Fürsorge für vormalige unwiderrufliche Beamte, ihre Familien und Hinterbliebenen.

Art. 206 a. Bei nachgewiesener Bedürftigkeit können vormaligen unwiderruflichen Beamten [mit Einschluß der Beamten der Militärverwaltung],[89]) die den Anspruch auf Ruhegehalt durch freiwilliges Ausscheiden aus dem Dienste oder infolge strafgerichtlichen Urteils verloren haben, sowie ihren Familien oder Hinterbliebenen durch Königl. Entschließung[90]) widerrufliche Unterhaltsbeiträge gewährt werden. Dabei gilt Art. 110 Abs. III entsprechend.

XII. Abschnitt.

Schluß- und Übergangsbestimmungen.

Artikel 207. Dieses Gesetz tritt am 1. Januar 1909 in Kraft.

Artikel 208. Mit dem Zeitpunkte des Inkrafttretens dieses Gesetzes gelten alle im Dienste befindlichen Beamten und Bediensteten, die vor diesem Zeitpunkt in pragmatischer oder in nichtpragmatischer statusmäßiger Dienesteigenschaft angestellt waren und in eine in der Gehaltsordnung aufgeführte Beamtenklasse übergeleitet werden, als etatsmäßige Beamte im Sinne dieses Gesetzes.

Das gleiche gilt von den im Bereiche der Versicherungskammer und des

---

[87]) Vergl. Fußnote 14 zu Art. 8.

[87a]) Neufassung nach Art. 3 des Gesetzes zur neunten Abänderung des Beamtenbesoldungsgesetzes usw. vom 29. Februar 1924 (GVBl. S. 117).

[88]) Eingefügt durch Art. 100 des Armengesetzes v. 21. August 1914 (GVBl. S. 551), vergl. auch Art. 102 a. a. O.

[89]) Vergl. Fußnote 84 zu Art. 192.

[90]) Vergl. Fußnote 2 zu Art. 1.

Wasserversorgungsbüros[91]) im Dienste befindlichen Beamten und Bediensteten, die vor dem Inkrafttreten dieses Gesetzes in pragmatischer oder in nichtpragmatischer statusmäßiger Diensteseigenschaft angestellt waren und in eine in den besonderen Gehaltsordnungen für diese Beamten aufgeführte Beamtenklasse übergeleitet werden.

Das gleiche gilt ferner von den im Dienste befindlichen Beamten und Bediensteten der Oberrealschulen, Progymnasien, Realschulen, Lateinschulen, der Kreisbaugewerkschule Kaiserslautern, der landwirtschaftlichen Mittelschulen und Kreisackerbauschulen, die vor dem Inkrafttreten dieses Gesetzes in pragmatischer oder in nichtpragmatischer statusmäßiger Diensteseigenschaft angestellt waren und gemäß Artikel 188 Abs. 4 an eine in der Gehaltsordnung aufgeführte Beamtenklasse angeglichen werden.

Das gleiche gilt endlich von den mit der Militärseelsorge besonders betrauten Geistlichen, deren Besoldung in Angleichung an die Gehaltsordnung für die Staatsbeamten durch den Militäretat festgestellt wird.

Mit dem Inkrafttreten dieses Gesetzes gelten die im Dienste befindlichen auf Lebenszeit angestellten etatsmäßigen Beamten der Militärverwaltung als unwiderrufliche, die auf Kündigung angestellten etatsmäßigen Beamten als widerrufliche etatsmäßige Beamte.

Artikel 209. Für den Eintritt der Unwiderruflichkeit des Dienstverhältnisses (Artikel 6 Abs. 2, 3) wird den in dem Artikel 208 bezeichneten Beamten und Bediensteten die Zeit, die sie in einer unter den Artikel 208 fallenden Diensteseigenschaft bereits zurückgelegt haben, nach Maßgabe der Vorschriften dieses Gesetzes angerechnet. In gleicher Weise wird den Eichmeistern sowie den Steuer- und Gemeinde-Einnehmern im Regierungsbezirke der Pfalz für den Eintritt der Unwiderruflichkeit die Dienstzeit angerechnet, die sie in dieser oder in einer unter den Artikel 208 fallenden Diensteseigenschaft zurückgelegt haben.

Für die vor dem Inkrafttreten dieses Gesetzes angestellten pragmatischen Beamten (Artikel 208), für die im Zeitpunkte des Inkrafttretens das dreijährige Dienstesprovisorium noch nicht abgelaufen ist, tritt, auch soweit sie unter den Artikel 6 Abs. 3 dieses Gesetzes fallen, die Unwiderruflichkeit nach Ablauf der im § 2 der IX. Beilage zur Verfassungsurkunde bestimmten dreijährigen Frist ein, sofern nicht nach dem Abs. 1 des gegenwärtigen Artikels die Unwiderruflichkeit früher eintritt.

Für die vor dem Inkrafttreten dieses Gesetzes auf Kündigung angestellten etatsmäßigen Beamten der Militärverwaltung richtet sich die Lösung des Dienstverhältnisses noch nach den bisherigen Vorschriften.

Artikel 210. Den Beamten und Bediensteten der Pfälzischen Eisenbahnen, die bei der Übernahme dieser Eisenbahnen durch den Bayerischen Staat zu etatsmäßigen Beamten im Sinne dieses Gesetzes ernannt werden, wird für den Eintritt der Unwiderruflichkeit des Dienstverhältnisses (Artikel 6 Abs. 2, 3) die Zeit, die sie als „Angestellte" im Dienste der Pfälzischen Eisenbahnen bereits zurückgelegt haben, nach Maßgabe der Vorschriften dieses Gesetzes angerechnet.

Soweit solche Beamte der Pfälzischen Eisenbahnen bei ihrer Einreihung in die Gehaltsordnung einer Klasse von Beamten der Staatseisenbahnverwaltung zugeteilt werden, die bis zum Inkrafttreten dieses Gesetzes nach Maßgabe der IX. Beilage zur Verfassungsurkunde angestellt wurden, sind sie nach Ablauf von drei Jahren seit dem Zeitpunkte, der nach den Übernahmeverhandlungen als Zeitpunkt ihrer pragmatischen Anstellung zu erachten ist, unwiderruflich, wenn nicht nach dem Abs. 1 dieses Artikels die Unwiderruflichkeit früher eintritt.

Diejenigen Beamten und Bediensteten der Pfälzischen Eisenbahnen, die beim Übergange dieser Eisenbahnen auf den Bayerischen Staat gemäß Artikel 5 Abs. 1 des Gesetzes vom 7. Dezember 1905, die Erwerbung der Pfälzischen Eisenbahnen für das K. Staatsärar betreffend, unter denselben Bedingungen übernommen werden, unter denen sie von den Pfälzischen Eisenbahngesellschaften angestellt worden sind, können von dem Zeitpunkt an, in dem sie als unwiderruflich

[91]) Vergl. Fußnote 77 zu Art. 186.

zu erachten wären, wenn sie als etatsmäßige Beamte im Sinne dieses Gesetzes (Abs. 1) übernommen worden wären, nur durch Erkenntnis der Disziplinargerichte zur Strafe entlassen werden. Wieweit im übrigen Vorschriften dieses Gesetzes auf solche Beamte entsprechende Anwendung finden, wird durch Königliche[91a]) Entschließung bestimmt.

Artikel 211. Die Vorschriften, nach denen die im Zeitpunkte des Inkrafttretens dieses Gesetzes im Dienste befindlichen Beamten und Bediensteten (Artikel 208) in die Klassen der neuen Gehaltsordnung überzuleiten sind, werden durch Verordnung erlassen.

Stand ein Beamter bisher im Genuß eines höheren als des regulativmäßigen Grundgehalts, so ist ihm bei der Überleitung der treffende Mehrbetrag zu dem in der neuen Gehaltsordnung bestimmten Anfangsgehalt mit der Maßgabe zuzusetzen, daß die in der Gehaltsordnung vorgesehenen Gehaltsvorrückungen zu diesem erhöhten Grundgehalt, jedoch nicht über den Betrag von zwölftausend Mark hinaus, gewährt werden.

Beamte, die infolge der neuen Gehaltsvorschriften bei der Überleitung oder in einem späteren Zeitpunkt ein geringeres Gesamteinkommen beziehen würden, als sie bei fortdauernder Gültigkeit der seitherigen Vorschriften in ihrer seitherigen Dienstesstelle bezogen hätten, erhalten für die Dauer dieser Einbuße den nach den früheren Vorschriften sich berechnenden Mehrbezug als persönliche Zulage.

Bei der Abgleichung des bisherigen und des künftigen Diensteinkommens werden Einkommensbestandteile, die ihrer Natur nach steigend und fallend sind, mit dem Betrag angesetzt, der sich für die beim Inkrafttreten des Gesetzes innegehabte Dienstesstelle nach dem Anfalle der letzten drei Rechnungsjahre als Jahresdurchschnitt ergibt, sofern solche Einkommensbestandteile erst kürzere Zeit auf dieser Stelle angefallen sind, nach dem Jahresdurchschnitte des Anfalls während dieser Zeit.

Der Jahresbetrag der persönlichen Zulagen ist nach oben so abzurunden, daß sich bei Teilung durch drei volle Markbeträge ergeben.

In Bezug auf den Beginn, die Zahlung und die Einziehung der persönlichen Zulagen finden die Vorschriften in dem Artikel 34 Abs. 2 bis 4 entsprechende Anwendung.

Auf die Beamten im Verwaltungsdienste der Hochschulen finden die Vorschriften dieses Artikels mit der Maßgabe Anwendung, daß ihnen die für Besorgung ihres Hauptamts zur Zeit des Inkrafttretens dieses Gesetzes neben dem Gehalt eingeräumten Nebenbezüge als persönliche Zulage verbleiben und daß auf einen etwaigen Mehrbetrag des Gehalts, der sich für sie nach den neuen Gehaltsvorschriften gegenüber den seitherigen Vorschriften ergibt, ein jenem Mehrbetrag entsprechender Betrag der Nebenbezüge aufgerechnet wird. Soweit die Zuweisung solcher Nebenbezüge nicht in unentziehbarer Weise erfolgt ist, sind sie nach näherer Festsetzung des zuständigen Staatsministeriums auf einen unüberschreitbaren Höchstbetrag zurückzuführen oder sonst zu ermäßigen.

Hat ein Beamter im Zeitpunkte seiner Versetzung in den Ruhestand oder seines Ablebens infolge der für die Überleitung verfügten Sperre der letzten oder der beiden letzten Dienstaltersstufen nicht den seinem Dienstalter entsprechenden Gehalt bezogen, so wird der Bemessung des Ruhegehalts und des Witwen- und Waisengeldes das pensionsfähige Diensteinkommen zugrunde gelegt, das sich berechnet hätte, wenn die Sperre nicht verfügt gewesen wäre.

Artikel 212. Für die Beamten und Bediensteten (Artikel 208), die vor oder mit dem Inkrafttreten dieses Gesetzes in den Ruhestand versetzt wurden, bleiben die seitherigen Pensionsvorschriften in Kraft.

Ebenso bleiben für die Hinterbliebenen derjenigen Beamten und Bediensteten, die vor dem Inkrafttreten dieses Gesetzes gestorben sind oder in diesem Zeitpunkt im Ruhestande sich befinden, die seitherigen Vorschriften über die einmalige Abfertigung sowie über die Pensionen und Unterhaltsbeiträge auch

---

[91a]) Vergl. Fußnote 2 zu Art 1.

fernerhin mit der Maßgabe in Kraft, daß die Vorschriften des Artikel 72 und des Artikel 74 Abs. 4 des gegenwärtigen Gesetzes entsprechende Anwendung finden. Für die in Satz 1 bezeichneten Unterhaltsbeiträge tritt die Vorschrift des Artikel XXIV § 23 d der Hauptlandespragmatik vom 1. Januar 1805 außer Kraft.

Die Vorschriften über das Erfordernis einer Erlaubnis zum Genuß einer Pension oder eines Unterhaltsbeitrags im Auslande treten für die Fälle der Abs. 1, 2 außer Kraft.

Artikel 213. Bleibt für einen Beamten (Artikel 208), der sich vor dem Inkrafttreten dieses Gesetzes im aktiven Dienste befand und nach diesem Zeitpunkt in den Ruhestand versetzt wurde, das nach Abschnitt IV dieses Gesetzes sich berechnende Wartegeld oder der nach Abschnitt IV und VI dieses Gesetzes sich berechnende Ruhegehalt hinter dem Betrage zurück, der sich bei fortdauernder Gültigkeit der seitherigen Vorschriften über die Gehalte und Pensionen der Staatsbeamten und Staatsbediensteten berechnet hätte, wenn der Beamte bis zu seiner Versetzung in den Ruhestand in der vor dem Inkrafttreten dieses Gesetzes zuletzt innegehabten Dienstesstellung weitergedient hätte, so wird ihm dieser höhere Betrag gewährt.

Wurde bei der Berechnung der Pensionen nach den seitherigen Vorschriften eine Dienstzeit angerechnet, deren Anrechnung nach den Vorschriften dieses Gesetzes ausgeschlossen ist, so ist diese Dienstzeit für die vor dem Inkrafttreten dieses Gesetzes ernannten Beamten auch der Bemessung des Ruhegehalts nach den Vorschriften dieses Gesetzes zugrunde zu legen.

Artikel 214. Bleibt das nach den Abschnitten V und VI dieses Gesetzes sich berechnende Witwen- und Waisengeld hinter dem Betrage zurück, der sich bei fortdauernder Gültigkeit der seitherigen Vorschriften über die Gehalte und Pensionen der Beamten und über die Pensionen und Unterhaltsbeiträge der Hinterbliebenen berechnet hätte, wenn der Beamte bis zu seiner Versetzung in den Ruhestand oder im Falle seines Ablebens im aktiven Dienste bis zum Zeitpunkte seines Ablebens in der vor dem Inkrafttreten dieses Gesetzes zuletzt innegehabten Dienstesstellung weitergedient hätte, so wird den Hinterbliebenen der höhere Betrag gewährt.

Sind für einen Teil der Hinterbliebenen die bisherigen Vorschriften, für einen anderen Teil aber die Vorschriften der Abschnitte V und VI dieses Gesetzes günstiger, so wird für jeden Teil das Witwen- und Waisengeld nach der für ihn günstigeren Vorschrift angewiesen.

Ist das Witwen- und Waisengeld nach den Vorschriften dieses Gesetzes bezogen worden, so kann, vorbehaltlich der Vorschriften in Abs. 4 dieses Artikels und in Artikel 215, in einem späteren Zeitpunkte die Anwendung der früheren Vorschriften nicht mehr in Anspruch genommen werden.

Den Kindern der bereits vor dem Inkrafttreten dieses Gesetzes in pragmatischer Eigenschaft ernannten Beamten bleibt der Anspruch auf den Fortbezug der Unterhaltsbeiträge nach Maßgabe des Artikel XXIV §§ 10 bis 13 der Hauptlandespragmatik über das einundzwanzigste Lebensjahr hinaus gewahrt, und zwar auch dann, wenn sie bis zur Vollendung des einundzwanzigsten Lebensjahrs das Waisengeld nach den Vorschriften des gegenwärtigen Gesetzes beziehen.

Artikel 215. Den Söhnen und Töchtern der Staatsminister, Ministerialreferenten, Kollegialpräsidenten und Kollegialdirektoren, die diese Dienstesstellung schon vor dem Inkrafttreten dieses Gesetzes eingenommen haben, bleibt der ihnen durch Artikel XXIV § 9 der Hauptlandespragmatik eingeräumte Anspruch auf den Genuß des Unterhaltsbeitrags bis zur Versorgung oder bis zum Ableben nach Maßgabe der bisherigen Pensionsvorschriften gewahrt, und zwar auch dann, wenn das bis zur Vollendung des einundzwanzigsten Lebensjahrs bezogene Waisengeld nach den Vorschriften in den Abschnitten V und VI des gegenwärtigen Gesetzes berechnet war.

Das Gleiche gilt von den Söhnen und Töchtern der Kollegialräte, die diese Dienstesstellung schon vor dem Inkrafttreten dieses Gesetzes eingenommen haben, und zwar gleichviel, ob diese Beamten die nach Artikel XXIV § 9 der Hauptlandespragmatik und Abschnitt III Ziffer 78b des Abschieds für die Ständeversammlung des Königreichs Bayern vom 29. Dezember 1831 erforderliche fünfundzwanzigjährige Kollegialratsdienstzeit oder das bestimmte Dienst- oder Lebensalter vor dem Inkrafttreten des gegenwärtigen Gesetzes vollendet haben oder nach diesem Zeitpunkte vollenden werden.

Der Berechnung des Unterhaltsbeitrags ist in den Fällen der Abs. 1, 2 die Witwenpension zu Grunde zu legen, die sich bei fortdauernder Gültigkeit der seitherigen Vorschriften über die Gehalte und Pensionen der Staatsbeamten ergeben hätte, wenn der Beamte bis zu seiner Versetzung in den Ruhestand oder bis zu seinem Ableben in der vor dem Inkrafttreten dieses Gesetzes zuletzt innegehabten Dienstesstellung verblieben wäre.

Wird ein Kollegialrat, der diese Dienstesstellung schon vor dem Inkrafttreten dieses Gesetzes eingenommen hat, auf Grund des Art. 47 Abs. 1 dieses Gesetzes[92]) oder des Art. 71 Ziff. 1 Halbsatz 1 oder des Art. 79 Abs. 3 Ziff. 1 Halbsatz 1 des Disziplinargesetzes für richterliche Beamte in den Ruhestand versetzt, bevor er fünfundzwanzig Jahre lang als Kollegialrat gedient hat, so sind seinen Söhnen und Töchtern die im Artikel XXIV § 9 der Hauptlandespragmatik eingeräumten Vorteile zu gewähren, wenn er den Zeitpunkt erlebt, mit dessen Eintritt er entweder die fünfundzwanzigjährige Dienstzeit als Kollegialrat vollendet oder den Anspruch erworben haben würde, auf Grund des § 22 B der IX. Beilage zur Verfassungsurkunde in den Ruhestand versetzt zu werden, falls diese Bestimmungen noch in Geltung wären.

Artikel 216. In Bezug auf den Beginn, die Zahlung und die Einziehung der auf Grund des Artikel 213 und des Artikel 214 Abs. 1 bis 3 nach den früheren Vorschriften angewiesenen Wartegelder, Pensionen und Unterhaltsbeiträge finden die Vorschriften in den Artikeln 40, 41, 43 bis 45, 59 bis 67, in dem Artikel 71 Abs. 2, dem Artikel 74 Abs. 4, dem Artikel 82, dem Artikel 83 Abs. 2 Satz 1, den Artikeln 84 bis 86 entsprechende Anwendung.

Auf die nach Maßgabe des Artikel 214 Abs. 4 und des Artikel 215 angewiesenen Unterhaltsbeiträge findet Artikel 212 Abs. 2 Satz 2 und Abs. 3 Anwendung.

Artikel 217. Für die zur Zeit des Inkrafttretens dieses Gesetzes im Amte befindlichen Hochschulprofessoren, die nicht binnen einer ihnen vorzusetzenden Frist ihr Einverständnis mit einer auf Grund des Artikel 187 Abs. 2 erfolgenden Regelung erklären, bleiben in Bezug auf die Höhe ihres Diensteinkommens und ihres Ruhegehalts sowie für die Bemessung des Witwen- und Waisengeldes ihrer Hinterbliebenen die seitherigen Vorschriften in Kraft. Artikel 187 Abs. 3 hat für solche Hochschulprofessoren keine Geltung.

[**Artikel 218.** Die Artikel 210 bis 217 finden auf Beamte der Militärverwaltung keine Anwendung.][92a])

Artikel 219. Für die im Zeitpunkte des Inkrafttretens dieses Gesetzes bereits anhängigen Dienststrafsachen verbleibt es in Ansehung des Verfahrens bei den bisherigen Vorschriften.

Für die Entscheidung der Frage, ob hinsichtlich der auszusprechenden Strafen die bisherigen Vorschriften oder die Vorschriften dieses Gesetzes anzuwenden sind, ist der § 2 Abs. 2 des Reichsstrafgesetzbuchs maßgebend. Auf die Strafe der Suspension und auf Haft oder Arrest kann nicht mehr erkannt werden.

Artikel 220. Alle diesem Gesetz entgegenstehenden Vorschriften treten, soweit nicht in den Artikeln 212 bis 217, 222 Vorbehalte gemacht sind, für die Beamten im Sinne dieses Gesetzes außer Kraft.

Insbesondere treten für diese Beamten, unbeschadet dieser Vorbehalte, außer Wirksamkeit:

1. die landesherrliche Verordnung vom 1. Januar 1805, die Verhältnisse

---

[92]) Eingefügt durch Art. 20 Ziff. 8 PEG.; abgeändert durch VO. vom 29. März 1924 (GVBl. S. 128).

[92a]) Gegenstandslos seit Inkrafttreten der Reichsverfassung. Vergl. Fußnote 84 zu Art. 192.

der Staatsdiener vorzüglich in Beziehung auf ihren Stand und Gehalt betreffend, (Hauptlandespragmatik);

2. Titel V § 6 der Verfassungsurkunde vom 26. Mai 1818;
3. die IX. Beilage zur Verfassungsurkunde, Edikt über die Verhältnisse der Staatsdiener vorzüglich in Beziehung auf ihren Stand und Gehalt;
4. Abschnitt III Ziffer 78b des Abschieds für die Ständeversammlung des Königreichs Bayern vom 29. Dezember 1831.

Aufgehoben werden:

1. die landesherrliche Verordnung vom 23. April 1806, die Gratifikationen der Staatsdiener betreffend;
2. § 7 Ie der landesherrlichen Verordnung vom 31. Juli 1817, die Organisation der Generaladministration der Posten betreffend;
3. § 19 des Abschieds für den Landtag des Königreich Bayerns vom 28. April 1872;
4. Abschnitt IIIA § 12 des Abschieds für den Landtag des Königreichs vom 29. Juli 1876.

Artikel 221. Das Gesetz vom 4. Juni 1848, die Verantwortlichkeit der Minister betreffend, wird dahin geändert:

I. Im Artikel I werden die Worte „welcher hiedurch einen sofort unentziehbaren Standesgehalt von 3000 fl. erhält, sofern ihm nicht aus früheren Dienstesverhältnissen ein höherer zukommt", ersetzt durch die Worte: „welcher hiedurch einen sofort unentziehbaren Anspruch auf Ruhegehalt und auf Hinterbliebenenversorgung nach Maßgabe der für unwiderrufliche Beamte geltenden Vorschriften erhält."

II. Im Artikel III werden

1. im Abs. 1 die Worte „ohne Rücksicht auf § 24 der IX. Verfassungsbeilage" gestrichen;
2. der Abs. 2 erhält folgende Fassung:

„Der auf diese Weise infolge seiner Bitte sowie der aus eigenem Antriebe des Königs enthobene Staatsminister erhält den im Artikel I bestimmten Ruhegehalt; der König kann ihm innerhalb des gesetzlich zulässigen Höchstbetrags einen höheren Ruhegehalt zuweisen".

III. Im Artikel IX Ziff. 1 werden die Worte „nach § 19 der Verfassungsbeilage IX" gestrichen.

Artikel 222. Das Ausführungsgesetz vom 23. Februar 1879 zum Reichs-Gerichtsverfassungsgesetze wird dahin geändert:

I. Der Artikel 23 erhält folgende Fassung:

„Zu dem Amte eines Schöffen sollen nicht berufen werden:

1. der Präsident, die Senatspräsidenten und die Mitglieder des Verwaltungsgerichtshofs;
2. der Präsident und die Räte des Obersten Rechnungshofs;
3. der Präsident und die übrigen ständigen Mitglieder des Landesversicherungsamts im Hauptamte.

Welche weiteren höheren Verwaltungsbeamten zu dem Amte eines Schöffen nicht berufen werden sollen, wird durch Verordnung bestimmt."

II. Im Artikel 71 Abs. 1 werden die Worte „einhundert Mark" ersetzt durch die Worte „fünfzig Mark".

Ferner wird dem Abs. 1 der weitere Satz beigefügt:

„Die Zwangsstrafen werden den Wohlfahrtseinrichtungen für die Beamten zugewiesen."

Im übrigen bleiben die Vorschriften dieses Gesetzes unberührt.

Artikel 223. Das Gesetz vom 18. August 1879 zur Ausführung der Reichs-Strafprozeßordnung wird dahin geändert:

I. Der Artikel 107, der Artikel 113 Abs. 2 und die Artikel 115, 116 werden aufgehoben.

II. Die Artikel 103 bis 106, 108 bis 111, 114 finden auf Beamte keine Anwendung, deren Dienststrafrecht durch das Beamtengesetz geregelt ist.

Artikel 224. Das Disziplinargesetz für richterliche Beamte vom 26. März 1881 wird dahin geändert:

1.

Der Artikel 2 Abs. 1 erhält folgende Fassung:

„Die Strafverfolgung von Dienstvergehen verjährt in fünf Jahren. Verstößt die Tat auch gegen ein Strafgesetz, so verjährt die Strafverfolgung des Dienstvergehens nicht, bevor die Strafverfolgung der Straftat verjährt ist."

2.

Als Artikel 4a und 4b werden folgende Vorschriften eingestellt:

„**Artikel 4a.** Der Richter, dem von einer Aufsichtsbehörde auf Grund des Artikel 3 eine Ermahnung oder Warnung erteilt worden ist, kann die Entscheidung der Disziplinarkammer darüber beantragen, ob ihm ein Dienstvergehen zur Last fällt. Der Antrag schließt die Einlegung einer Beschwerde gegen die Verfügung der Aufsichtsbehörde, die Einlegung einer Beschwerde den Antrag aus.

Fällt dem Richter ein Dienstvergehen nicht zur Last, so hebt die Disziplinarkammer die Verfügung der Aufsichtsbehörde auf.

Fällt dem Richter ein Dienstvergehen zur Last, ohne daß die Voraussetzungen des Artikel 4 Abs. 1 gegeben sind, so weist die Disziplinarkammer den Antrag des Richters zurück.

Sind die Voraussetzungen des Artikel 4 Abs. 1 gegeben, so ist das Disziplinarverfahren einzuleiten.

Gegen den Beschluß der Disziplinarkammer steht dem Staatsanwalt und dem Richter die Beschwerde an den Disziplinarhof zu.

Artikel 4b. Bevor die Aufsichtsbehörde auf Grund des Artikel 3 eine Ermahnung oder Warnung erteilt, kann sie die Entscheidung der Disziplinarkammer darüber beantragen, ob dem Richter ein Dienstvergehen zur Last fällt.

Der Artikel 4a Abs. 5 findet Anwendung."

3.

1. Im Artikel 5 erhält Abs. 1 folgende Fassung:

„Die Disziplinarstrafen sind:
   1. Verweis;
   2. Geldstrafe bis zum Betrage des einmonatigen Gehalts;[93])
   3. Entziehung des Anspruchs auf Vorrückung im Gehalt[93]) auf die Dauer von höchstens drei Jahren;
   4. Strafversetzung;
   5. Dienstentlassung."

2. Dem Abs. 2 wird folgender weiterer Satz beigefügt:

„Die Geldstrafen werden den Wohlfahrtseinrichtungen für die Beamten zugewendet."

3. Zwischen Abs. 2 und Abs. 3 wird folgender neuer Absatz eingefügt:

„Erkennt das Disziplinargericht auf Entziehung des Anspruchs auf Vorrückung im Gehalte, so hat es zugleich zu bestimmen, ob und wieweit dadurch der Zeitpunkt für die späteren Gehaltsvorrückungen hinausgeschoben wird."

4. Die beiden letzten Absätze erhalten folgende Fassung:

„Die Dienstentlassung hat den Verlust des Titels und der Dienstabzeichen sowie des Anspruchs auf Diensteinkommen, Ruhegehalt und Hinterbliebenenversorgung von Rechtswegen zur Folge. Lassen besondere Umstände eine mildere Beurteilung zu, so kann in dem Urteile des Disziplinargerichts ausgesprochen werden, daß dem Angeschuldigten vom Zeitpunkte seiner Entlassung an auf Lebenszeit oder auf bestimmte Zeit als

---

[93]) Vergl. Art 42 Abs. II BBesG. n. F. Siehe auch Art. 6 des Gesetzes vom 29. Februar 1924 (GVBl. S. 117).

Unterhaltsbeitrag ein Teil des Ruhegehalts zu gewähren sei, den er anzusprechen hätte, wenn er im Zeitpunkte der Entlassung in den Ruhestand versetzt würde. Auch kann bei gleicher Voraussetzung den Hinterbliebenen des aus dem Dienste entlassenen Richters durch das Urteil des Disziplinargerichts der Anspruch auf Versorgung ganz oder teilweise, mit oder ohne Zeitbeschränkung vorbehalten werden.

Liegen berücksichtigungswerte Verhältnisse vor, so kann durch Königliche[93a]) Entschließung dem aus dem Dienste entlassenen Richter oder seiner Familie ausnahmsweise sofort oder später ein widerruflicher Unterhaltsbeitrag gewährt werden; der Unterhaltsbeitrag soll jedoch in der Regel die Hälfte des Betrages nicht übersteigen, der sich als Ruhegehalt berechnet hätte, wenn der entlassene Richter im Zeitpunkte seiner Dienstentlassung in den Ruhestand versetzt worden wäre. Unter der gleichen Voraussetzung (Satz 1) kann durch Königliche[93a]) Entschließung den Hinterbliebenen eines aus dem Dienste entlassenen Richters ausnahmsweise ein widerruflicher Unterhaltsbeitrag gewährt werden; dieser soll in der Regel die Hälfte der Beträge nicht übersteigen, die sie als Witwen- und Waisengeld zu beanspruchen hätten, wenn der entlassene Richter im Zeitpunkte der Dienstentlassung gestorben wäre."

4.

Im Artikel 6 wird

1. zwischen Abs. 1 und Abs. 2 folgender neuer Absatz eingefügt:

„Auf Strafversetzung ist zu erkennen, wenn durch eine Handlung, die ein schweres Dienstvergehen bildet, Umstände gegeben sind, durch die die amtliche Wirksamkeit des Richters auf der bisherigen Stelle in einer nicht bloß vorübergehenden Art gestört wird. Sind solche Umstände zwar nicht ohne Verschulden des Richters gegeben, ist aber das Verschulden nicht derart, daß die Strafversetzung angemessen ist, so kann das Disziplinargericht unabhängig von der Entscheidung über die Strafe aussprechen, daß der Richter unter Vergütung der Umzugskosten auf ein Richteramt von gleicher Dienstesklasse und gleichem Gehalte versetzt werden kann."

2. Die Ziff. 1 des letzten Absatzes erhält folgende Fassung:

„1. wegen Verletzung der Pflicht der Amtsverschwiegenheit sowie in den in den Artikeln 103 bis 105, 109 des Ausführungsgesetzes zur Strafprozeßordnung aufgeführten Fällen."

5.

Der Artikel 8 erhält folgende Fassung:

„Die Vorschriften dieses Gesetzes finden auf die zeitlich oder dauernd in den Ruhestand versetzten Richter mit folgenden Einschränkungen entsprechende Anwendung:

Auf Verweis oder Geldstrafe kann nur wegen Verletzung der Pflicht der Amtsverschwiegenheit erkannt werden. Geldstrafe ist zulässig bis zum Betrage des einmonatigen Ruhegehalts.[93b])

Im übrigen ist ein Disziplinarverfahren nur wegen solcher in der Dienstesaktivität oder im Ruhestande begangener Handlungen zulässig, die gegenüber einem aktiven Richter die Dienstentlassung begründen. An Stelle der Dienstentlassung ist auf den Verlust des Titels, der Dienstabzeichen und des Ruhegehalts sowie des Anspruchs auf Hinterbliebenenversorgung zu erkennen. Die Vorschriften des Artikel 5 Abs. 5 Satz 2, 3 und Abs. 6 finden entsprechende Anwendung."

6.

Der Artikel 9 erhält folgende Fassung:

93a) Vergl. Fußnote 2 zu Art. 1.

93b) Siehe auch Art. 6 des Gesetzes vom 29. Februar 1924 (GVBl. S. 117).

„Das Disziplinarverfahren wird eingestellt, wenn der Richter unter Verzicht auf Titel und Dienstabzeichen sowie auf Diensteinkommen, Ruhegehalt und Hinterbliebenenversorgung um Entlassung aus dem Staatsdienste nachsucht, vorausgesetzt, daß er in Bezug auf seinen Dienst sich nicht in verschuldetem Rückstande befindet und über eine ihm anvertraute Verwaltung von öffentlichem Vermögen Rechenschaft abgelegt hat.

Gegen einen im Ruhestande befindlichen Richter ist das Disziplinarverfahren einzustellen, wenn der Beschuldigte seinen Verzicht auf Titel, Dienstabzeichen, Ruhegehalt und Hinterbliebenenversorgung erklärt."

7.

Im Artikel 10 Abs. 1 werden nach dem Worte „erhoben" die Worte eingefügt:

„oder ist in einem militärgerichtlichen Verfahren die Anklage verfügt worden".

8.

Der Artikel 14 Abs. 2 erhält folgende Fassung:

„Hinsichtlich der in den Artikeln 8, 81, bezeichneten Richter ist der letzte dienstliche Wohnsitz maßgebend."

9.

Im Artikel 19 Abs. 2 wird das Wort „Oberstaatsanwalt" durch das Wort „Generalstaatsanwalt" ersetzt.

10.

Im Artikel 22 Abs. 2 werden die Worte: „Artikel 5 Ziff. 1 und 2" ersetzt durch die Worte:

„Artikel 5 Abs. 1 Ziff. 1 bis 3".

11.

Zwischen Abs. 1 und Abs. 2 des Artikel 23 wird folgender neuer Absatz eingefügt:

„Vor der Beschlußfassung kann die Disziplinarkammer die Vornahme einzelner Ermittlungen, auch die Vernehmung von Zeugen oder Sachverständigen und die schriftliche Verantwortung des Beschuldigten anordnen".

12.

Der Artikel 30 erhält folgende Fassung:

„Ist das Disziplinarverfahren eingeleitet, wird jedoch gemäß Artikel 22 Abs. 2 von Einleitung einer Voruntersuchung Umgang genommen, so ist der Beschuldigte mit seiner schriftlichen Verantwortung zu hören und das zur mündlichen Verhandlung etwa weiter Erforderliche vorzubereiten. Die Disziplinarkammer kann insbesondere einzelne Beweiserhebungen anordnen.

Ist die Sache durch die Ermittlungen der Dienstaufsichtsbehörden oder durch Ermittlungen, die von der Disziplinarkammer auf Grund des Artikel 23 Abs. 2 angeordnet worden sind, genügend aufgeklärt und der Beschuldigte im Laufe dieser Erhebungen ausreichend gehört, so kann von weiteren Vorerhebungen abgesehen werden."

13.

Dem Artikel 33 werden folgende weitere Absätze beigefügt:

„Vor dem Schlusse der Voruntersuchung ist dem Angeschuldigten das Ergebnis mitzuteilen und ihm nochmals Gelegenheit zu seiner Verteidigung zu geben.

Auch im Laufe der Voruntersuchung soll dem Angeschuldigten, soweit es ohne Gefährdung des Untersuchungszweckes geschehen kann, im Interesse seiner Verteidigung von wichtigen oder neuen Beweisergebnissen Mitteilung gemacht werden."

14.

Als Artikel 34 a ist folgende Vorschrift einzufügen:

„Beantragt der Staatsanwalt die Verweisung der Sache zur Hauptverhandlung, so hat er eine Anschuldigungsschrift zu fertigen, in welche die wesentlichen Ergebnisse der Ermittelungen aufzunehmen sind. Diese Anschuldigungsschrift ist dem Angeschuldigten zur Erklärung binnen einer von dem Präsidenten zu bestimmenden Frist mitzuteilen."

15.

Als Artikel 36 a wird folgende Vorschrift eingestellt:

„Betrifft das Disziplinarverfahren mehrere Dienstvergehen und ist die Feststellung des einen oder des anderen unwesentlich, so kann die Disziplinarkammer nach Vernehmung des Staatsanwalts beschließen, daß in Ansehung eines solchen das Verfahren vorläufig einzustellen ist.

Der Einstellungsbeschluß kann während dreier Monate nach der Rechtskraft des Urteils von der Disziplinarkammer aufgehoben werden."

16.

Im Artikel 39 werden

1. im Abs. 2 die Worte: „unter abschriftlicher Mitteilung der von dem Staatsanwalt anzufertigenden Anschuldigungsschrift, in die auch die wesentlichen Ergebnisse der stattgefundenen Ermittelungen aufzunehmen sind"

   ersetzt durch die Worte:

   „unter abschriftlicher Mitteilung des Beschlusses über die Verweisung der Sache zur Hauptverhandlung (des Verweisungsbeschlusses)".

2. Im Abs. 3 die Worte: „mit dem Vortrag über den Inhalt der Anschuldigungsschrift" ersetzt durch die Worte: „mit der Verlesung des Verweisungsbeschlusses".

17.

1. Der Artikel 41 Abs. 1 erhält folgende Fassung:

   „Bei der Hauptverhandlung wird der Verweisungsbeschluß verlesen."

2. Im Abs. 3 des Artikel 41 werden die Worte:

   „in der Anschuldigungsschrift"

   ersetzt durch die Worte:

   „in dem Verweisungsbeschluß".

18.

1. Im Artikel 45 wird zwischen Abs. 1 und Abs. 2 folgender neuer Absatz eingefügt:

   „Wird der Angeschuldigte im Laufe der Hauptverhandlung noch eines anderen Dienstvergehens beschuldigt, so kann dieses nach Vernehmung des Staatsanwalts mit Zustimmung des Angeschuldigten zum Gegenstande derselben Aburteilung gemacht werden. Diese Vorschrift findet nicht Anwendung, wenn nach dem Ermessen der Disziplinarkammer wegen des anderen Dienstvergehens voraussichtlich auf Strafversetzung oder auf Dienstentlassung zu erkennen ist. Liegen bezüglich des anderen Dienstvergehens die Voraussetzungen des Artikel 36 a vor, so kann nach Maßgabe dieser Vorschrift das Verfahren vorläufig eingestellt werden."

2. Der bisherige Abs. 3 hat zu lauten:

   „Die Verkündung des Urteils erfolgt am Schlusse der Verhandlung oder spätestens innerhalb der darauffolgenden vierzehn Tage durch Verlesung der Urteilsformel und Eröffnung der Urteilsgründe. Die Eröffnung der Urteilsgründe geschieht durch Verlesung oder durch mündliche Mitteilung ihres wesentlichen Inhalts. War die Verkündung des Urteils ausgesetzt, so sind die Urteilsgründe vor derselben schriftlich festzustellen. Dem Angeschuldigten ist eine Ausfertigung des Urteils zu erteilen."

19.

Im letzten Absatze des Artikel 54 sind die Worte „Artikel 42 bis 47" zu ersetzen durch die Worte:

„Artikel 42 bis 44, Artikel 45 Abs. 1, 3, 4, 5, Artikel 46, 47".

20.

Der Artikel 55 erhält folgende Fassung:

„Auf die Wiederaufnahme eines durch rechtskräftiges Urteil geschlossenen Verfahrens sind die Vorschriften des vierten Buches der Reichs-Strafprozeßordnung über die Wiederaufnahme des Verfahrens in den vor den Schöffengerichten verhandelten Sachen mit Ausnahme der Vorschriften des § 403, § 411 Abs. 4 entsprechend anzuwenden. Wird eine Beweisaufnahme angeordnet (§ 409), so ist sie nach den für die Voruntersuchung in Disziplinarsachen geltenden Vorschriften durchzuführen. Wird die Erneuerung der Hauptverhandlung angeordnet (§ 410 Abs. 2), so bemißt sich das weitere Verfahren nach den Vorschriften der Art. 39 ff. des gegenwärtigen Gesetzes."

21.

Als Artikel 55 a wird folgende Vorschrift eingestellt:

„Der Richter, dessen Unschuld im Wiederaufnahmeverfahren festgestellt wird, kann Ersatz des ihm durch die Strafvollstreckung erwachsenen Vermögensschadens aus der Staatskasse beanspruchen.

Wird ein verurteilter Richter im Wiederaufnahmeverfahren mit einer geringeren Strafe belegt, so kann das Disziplinargericht aussprechen, daß der ihm durch die Strafvollstreckung erwachsene Vermögensschaden ganz oder teilweise aus der Staatskasse ersetzt wird.

Im übrigen finden die Vorschriften des § 1 Abs. 2 bis 4, § 2 Abs. 2, § 3 Abs. 2, §§ 4, 5 des Reichsgesetzes vom 20. Mai 1898, betreffend die Entschädigung der im Wiederaufnahmeverfahren freigesprochenen Personen, entsprechende Anwendung. Der Antrag nach § 5 des Reichsgesetzes ist bei dem Oberstaatsanwalte zu stellen, dem die Verrichtungen der Staatsanwaltschaft bei der Disziplinarkammer obliegen."

22.

Im Artikel 56 werden die Worte: „der Artikel 29, 37 und 64" ersetzt durch die Worte:

„der Artikel 4 a, 4 b, 29, 37, 56 a, 64".

23.

Als Artikel 56 a wird folgende Vorschrift eingestellt:

„Wenn der Richter, dem der Anspruch auf Vorrückung im Gehalt entzogen wurde (Artikel 5 Abs. 1 Ziff. 3, Abs. 3), sich nach der Verurteilung längere Zeit gut geführt hat, kann die Disziplinarkammer die Entscheidung hinsichtlich der Zeit, für die der Anspruch auf Vorrückung im Gehalt entzogen ist, und bezüglich des Zeitpunktes der späteren Gehaltsvorrückung zugunsten des Richters ändern. Gegen die Entscheidung steht die Beschwerde zum Disziplinarhof offen.

Aus besonderen Gründen kann die Justizverwaltung die teilweise oder volle Nachzahlung der vorenthaltenen Dienstalterszulage verfügen."

24.

Im Artikel 59 Ziff. 2 sind nach dem Worte „Hauptverfahrens" die Worte einzufügen:

„im militärgerichtlichen Verfahren die Anklageverfügung".

25.

Der Artikel 60 erhält folgende Fassung:

„Die vorläufige Enthebung vom Amte kann von der Disziplinarkammer verhängt werden,

1. wenn gegen den Richter ein Disziplinarverfahren anhängig ist, bei dem die Verurteilung zur Strafversetzung oder Dienstentlassung in Aussicht steht;
2. wenn gegen den Richter eine Voruntersuchung wegen eines Verbrechens oder Vergehens oder ein Hauptverfahren wegen eines im Artikel 59 Ziff. 2 nicht begriffenen Vergehens eröffnet ist;
3. wenn über das Vermögen des Richters das Konkursverfahren eröffnet ist;
4. wenn gegen den Richter das Entmündigungsverfahren eingeleitet, ferner wenn er entmündigt ist;
5. wenn der Richter unter vorläufige Vormundschaft gestellt ist;
6. wenn die Entscheidung ergangen ist, daß der Richter auf eine andere Stelle versetzt werden kann;
7. wenn das Verfahren nach der sechsten Abteilung eingeleitet ist.

Die Entscheidung erfolgt von Amts wegen oder auf Antrag des Staatsanwalts.

Im Falle des Abs. 1 Ziff. 1 kann die vorläufige Enthebung vom Amte im Laufe des Berufungsverfahrens vom Disziplinarhof auch dann verhängt werden, wenn die Disziplinarkammer darüber nicht entschieden oder sie abgelehnt hat."

26.

Dem Artikel 61 werden folgende weitere Absätze beigefügt:

„Die Suspension kann verhängt werden im Falle der Ziff. 1 des Artikel 60 bis zur rechtskräftigen Erledigung des Disziplinarverfahrens und für den Fall, daß auf Strafversetzung erkannt wird, für die Zeit bis zum Vollzuge des Urteils, im Falle der Ziff. 2 für die Zeit bis zur rechtskräftigen Erledigung des Strafverfahrens, im Falle der Ziff. 3 für die Dauer des Konkursverfahrens, im Falle der Ziff. 4 für die Dauer des Entmündigungsverfahrens und im Falle der Entmündigung für die Zeit bis zu deren Wiederaufhebung, im Falle der Ziff. 5 für die Dauer der vorläufigen Vormundschaft, im Falle der Ziff. 6 für die Zeit bis zum Vollzuge der Entscheidung, im Falle der Ziff. 7 bis zur Beendigung des Verfahrens und, wenn der Richter freiwillig um die Versetzung in den Ruhestand nachsucht oder seine Versetzung in den Ruhestand für zulässig erklärt wird, bis zur Versetzung in den Ruhestand.

Ist der Richter rechtskräftig zur Strafversetzung verurteilt oder ist er für versetzbar erklärt, so tritt die vorläufige Enthebung vom Amte außer Wirksamkeit, wenn die Versetzung auf eine andere Stelle nicht binnen sechs Monaten von der Rechtskraft des Urteils oder von der Erklärung der Versetzbarkeit an erfolgt ist."

27.

Der Artikel 62 Abs. 1 wird durch folgende Vorschriften ersetzt:

„Während der vorläufigen Enthebung eines Richters vom Amte nach Artikel 59, Artikel 60 Ziff. 1, 2 wird vom Ablaufe des Monats an, in dem sie eintritt, der dritte Teil des Gehalts einbehalten.

Soweit für diese Zeit der Gehalt bereits vorausgezahlt ist, wird der zuviel gezahlte Teilbetrag an der nächstfälligen Gehaltszahlung gekürzt.

In Fällen der Not des Richters ist das Staatsministerium der Justiz ermächtigt, die Einbehaltung auf einen geringeren Teil des Gehalts zu beschränken."

28.

Der Artikel 63 erhält folgende Fassung:

„Der einbehaltene Teil des Gehalts ist zur Deckung der den Richter treffenden Kosten des Verfahrens (Artikel 77), sodann zur Deckung der erkannten Geldstrafe und in den Fällen, in denen das Verfahren zur Strafversetzung oder zum Verluste des Amtes führt, zur Deckung der durch die Vertretung des Richters verursachten Kosten zu verwenden, zur Deckung der Stellvertretungskosten auch, soweit sie wegen der Vollstreckung einer Freiheitsstrafe (Artikel 59 Ziff. 4, Artikel 61 Abs. 1, Abs. 2 Satz 2) erwachsen sind. Stellvertretungskosten, die durch den einbehaltenen Teil des Gehalts nicht gedeckt werden können, fallen dem Richter nicht zur Last. Der nichtverbrauchte Teil des Gehalts ist, wenn das Verfahren zum Verluste des Amtes führt, den Wohlfahrtseinrichtungen für die Beamten zuzuwenden, sonst dem Richter nachzuzahlen."

29.[94])

Der Artikel 71 Ziff. 1 erhält folgende Fassung:

„1. wenn er das fünfundsechzigste Lebensjahr vollendet hat und seine Versetzung in den Ruhestand im Interesse der Rechtspflege liegt oder wenn er durch ein körperliches Gebrechen oder durch Schwäche seiner körperlichen oder geistigen Kräfte zur Erfüllung seiner Amtspflichten unfähig ist,"

30.

Dem Artikel 72 wird folgender neuer Absatz beigefügt:

„Ist eine Verständigung mit dem Richter nicht möglich und ist für ihn ein gesetzlicher Vertreter nicht vorhanden, so ist auf Antrag der Aufsichtsbehörde von dem Amtsgerichte, in dessen Bezirk der Richter seinen dienstlichen Wohnsitz hat, ein Pfleger zu bestellen. Die Eröffnung nach Abs. 2 hat an den Pfleger oder an den gesetzlichen Vertreter zu erfolgen."

31.

Der Artikel 73 erhält folgenden weiteren Absatz:

„Ist die Eröffnung an den Pfleger oder an den gesetzlichen Vertreter gemacht worden, so ist die Entscheidung nach Abs. 1 auch dann herbeizuführen, wenn Erinnerungen nicht erhoben worden sind, vorausgesetzt, daß der Staatsminister der Justiz die Sache nicht für beruhend erklärt."

32.

Dem Artikel 74 Abs. 2 ist folgender neuer Satz beizufügen:

„Ist ein Pfleger oder ein gesetzlicher Vertreter bestellt, so ist dieser zu hören."

33.

Im Artikel 77 wird

1. dem Abs. 2 folgender neuer Satz beigefügt:

„Dasselbe gilt im Falle des Artikel 4a Abs. 3, ferner wenn die von dem Richter nach Artikel 4a Abs. 5 eingelegte Beschwerde erfolglos bleibt."

2. Zwischen Abs. 4 und 5 wird folgender neuer Absatz eingefügt:

„Wird der Angeschuldigte außer Verfolgung gesetzt oder freigesprochen, so können die ihm erwachsenen notwendigen Auslagen einschließlich der Kosten der Verteidigung der Staatskasse auferlegt werden. Gleiches gilt im Falle des Artikel 4a Abs. 2, ferner dann, wenn die vom Staatsanwalte nach Artikel 4a Abs. 5 eingelegte Beschwerde erfolglos bleibt."

---

[94]) Vergl. auch § 3 des Gesetzes über die Einrichtung der Gerichte und die Einführung einer Altersgrenze für Richter vom 29. März 1924 (GVBl. S. 125).

34

Im Artikel 78 sind die Worte: „vierten und siebenten" zu ersetzen durch die Worte:

„vierten, sechsten und siebenten".

35.

Der Artikel 79 Abs. 8 Ziff. 1 erhält folgende Fassung:

„wenn er das fünfundsechzigste Lebensjahr vollendet hat und seine Versetzung in den Ruhestand im Interesse der Rechtspflege liegt oder wenn er durch ein körperliches Gebrechen oder Schwäche seiner körperlichen oder geistigen Kräfte zur Erfüllung seiner Amtspflichten unfähig ist,"

36.

Der Artikel 80 wird aufgehoben.

37.

Im Artikel 81 werden

1. die eingeklammerten Worte in Abs. 1 gestrichen.
2. Der Abs. 2 wird durch folgende Vorschrift ersetzt:

„Die Zuständigkeit und das Verfahren bemessen sich nach den Vorschriften dieses Gesetzes."

38.

Die Staatsregierung ist ermächtigt, den Text des Disziplinargesetzes für richterliche Beamte vom 26. März 1881, wie er sich aus den in dem gegenwärtigen Gesetze vorgesehenen Änderungen ergibt, durch das Gesetz- und Verordnungsblatt bekannt zu machen, hiebei die Vorschriften der fünften, sechsten und siebenten Abteilung vor den Vorschriften der vierten Abteilung einzustellen, eine fortlaufende Numerierung der Artikel und die Richtigstellung der Verweisungen vorzunehmen und den Artikel 83 des Gesetzes wegzulassen.

Soweit in Gesetzen auf die Vorschriften des Disziplinargesetzes für richterliche Beamte verwiesen ist, treten die entsprechenden Vorschriften des durch das Justizministerium bekanntgemachten Textes an ihre Stelle.

Artikel 225. Der Abs. 1 des Gesetzes vom 26. Oktober 1887, die Erläuterung und den Vollzug des Titels II § 18 der Verfassungsurkunde betreffend, erhält folgende Fassung:

„Die von dem Reichsverweser provisorisch ernannten etatsmäßigen Beamten sind während der Reichsverwesung nach Maßgabe des Beamtengesetzes zu behandeln und erlangen insbesondere nach Ablauf der in den Artikeln 6, 186, 188 bis 190, 194 des Beamtengesetzes vorgesehenen Dienstzeit die Unwiderruflichkeit des Dienstverhältnisses. Diejenigen provisorischen Beamten, deren Dienstverhältnis bei Beendigung der Reichsverwesung bereits unwiderruflich geworden ist, behalten die hienach erworbenen Heimatsrechte und Rechte auf Ruhegehalt und Hinterbliebenenversorgung auch für den Fall, daß die von dem Reichsverweser ausgegangenen Ernennungen widerrufen werden sollten. Bei den in der Anlage I zum Beamtengesetz unter Buchstabe A aufgeführten Beamten und bei Notaren kann die Ernennung nach Beendigung der Reichsverwesung nicht widerrufen werden."

Artikel 226. Das Ausführungsgesetz vom 9. Juni 1899 zum Bürgerlichen Gesetzbuche wird dahin geändert:

I. Der Artikel 60 Abs. 4 Satz 1 erhält folgende Fassung:

„Die im Dienste einer Gemeinde oder eines anderen Kommunalverbandes stehenden Beamten haben dem Verbande den Schaden zu ersetzen, der diesem aus der Verletzung der Amtspflicht entsteht."

II. In dem zweiten Satze des Artikel 60 Abs. 4 werden die Worte „des Staates oder" gestrichen.

III. Der Artikel 175 Abs. 3 wird aufgehoben.

Artikel 227. Das Notariatsgesetz vom 9. Juni 1899 wird dahin geändert:

I. Dem Artikel 75 Abs. 1 wird folgender weiterer Satz beigefügt:

„Verstößt die Tat auch gegen ein Strafgesetz, so verjährt die Strafverfolgung des Dienstvergehens nicht, bevor die Strafverfolgung der Straftat verjährt ist."

II. Im Artikel 78 Abs. 1 werden nach dem Worte „erhoben" die Worte eingefügt:

„oder ist in einem militärgerichtlichen Verfahren die Anklage verfügt worden"

III. Der Artikel 84 Abs. 1 erhält folgende Fassung:

„Die Vorschriften der Artikel 12 bis 34, 34 a, 35, 36, 36 a, 37 bis 50, 52 Abs. 1, 54 Abs. 2 bis 6, 55, 55 a, 56, 58 des Gesetzes vom 26. März 1881 in der Fassung des Artikel 224 des Beamtengesetzes finden auf das Disziplinarverfahren entsprechende Anwendung."

IV. Zwischen Abs. 3 und Abs. 4 des Artikel 90 wird folgender neuer Absatz eingefügt:

„Wird der Angeschuldigte außer Verfolgung gesetzt oder freigesprochen, so können die ihm erwachsenen notwendigen Auslagen einschließlich der Kosten der Verteidigung der Staatskasse auferlegt werden."

V. Im Artikel 92 Ziffer 2 werden nach dem Worte „eröffnet" die Worte eingefügt:

„oder in einem militärgerichtlichen Verfahren die Anklage verfügt".

Artikel 228. § 17 Abs. 2 Satz 2 des Finanzgesetzes vom 30. Juni 1900 erhält folgende Fassung:

„Die Höhe dieses Zuschusses wird durch die Budgets der einzelnen Finanzperioden festgesetzt."

[**Artikel 229.** Das Schulbedarfgesetz vom 28. Juli 1902 wird dahin geändert:

I. In dem Artikel 18 werden

1. in dem zweiten und dritten Satze des Abs. 2 die Worte „nichtpragmatisch angestellte Lehrpersonal" ersetzt durch die Worte „nicht etatsmäßig angestellte Lehrpersonal";
2. in Abs. 3 die Worte „in nichtpragmatische oder pragmatische lehramtliche Staatsstellen" ersetzt durch die Worte „in etatsmäßige lehramtliche Staatsstellen".

II. In dem Artikel 19 werden

1. in dem ersten Satze des Abs. 2 die Worte „das nichtpragmatisch angestellte Lehrpersonal" ersetzt durch die Worte „das nicht etatsmäßig angestellte Lehrpersonal";
2. in dem zweiten Satze des Abs. 2 die Worte „in Elementarfächern angestellt" ersetzt durch die Worte „in Elementarfächern nicht etatsmäßig angestellt";
3. in dem ersten Satze des Abs. 7 die Worte „in pragmatische lehramtliche Stellungen" ersetzt durch die Worte „in etatsmäßige lehramtliche Stellungen".][95])

Artikel 230. Die zur Ausführung dieses Gesetzes erforderlichen Vorschriften werden, soweit nichts anderes bestimmt ist, von den Ministerien erlassen.

---

[95]) Gegenstandslos durch das Schulbedarfgesetz vom 14. August 1919 (GVBl. S. 489).

Kolibri 360 GmbH
Ferdinand-Jühlke-Straße 7
99095 Erfurt, Deutschland
produktsicherheit@kolibri360.de